is like a nocturne

樂律

愛如夜曲

由一場場情深緣淺
交織而成

恨與愛一線之隔，你與我微毫之差，
在細碎時光中描摹的愛情篇章

李睫 著

▶ 愛是一場桃花劫，情是一支小夜曲
▶ 愛到深處無怨尤，情到盡頭仍纏綿
▶ 愛恨撥動的是一顆顆為情而碎的心

誰的愛情不是一場陰差陽錯？
在故事的錯落中，細數餘生的溫柔與遺憾

目錄

第二輯 愛與不愛，都是一場刀光劍影

第三輯　愛與恨，總是陰差陽錯

第四輯　愛著，卻什麼也不會說

後記

序　活成一支小夜曲

不是所有的文字都山高水長、深遠厚重、氣勢恢宏；不是所有的人生都似金戈鐵馬、大江東去、萬丈豪情；不是所有的生活均須關西大漢執銅琵琶、鐵綽板，方能演繹。其實，凡俗的生活，很多時候，只合十八女郎，執紅牙板，歌「楊柳岸，曉風殘月」。這種鮮活柔曼的生活情調，如叫人輾轉反側的宋詞小令，如輕音樂，如小夜曲，暖心潤肺、優美抒情。

以小夜曲聞名於世的莫札特、舒伯特、古諾、海頓等人，將人生活成了小夜曲的摹本。莫札特歌劇《唐·喬凡尼》裡的小夜曲，是歌者在少女窗前彈著曼陀林歌唱的典型的小夜曲，纏綿婉轉、悠揚悅耳。舒伯特的〈聽，聽，雲雀〉，是一首晨光初現時吟唱的小夜曲，曲調清新、旋律輕盈，伴以撥絃樂器的聲音，創造出優美恬靜的意境。古諾為雨果詩作譜寫的小夜曲，流傳不衰，具有搖籃曲風味，絲絲縷縷，如青煙在晚風中飄蕩。海頓的〈F大調絃樂四重奏〉第二樂章〈如歌的行板〉，是一首典型的器樂小夜曲，將抒情、奏鳴、交響、協奏融於一體，美不勝收。

除了音樂家，更多詩人把或長或短的人生，活成小夜曲。多感的詩人常常以美麗的生活感受，彈撥生命中的小夜曲。那份美麗的感受，恰似一朵又一朵安詳的花，泊於午夜中央，輕聲歌唱。很多時候，生活的謎底一旦被揭開，就會簡單得像一張在生活之火中，緩緩地燃為灰燼的白紙；就算再複雜一點，也不過像愛情，縱然千迴百折，最後還是要流入暖暖的溫床。

戴望舒的〈雨巷〉，分明就是一支哀婉迷離的小夜曲：「撐著油紙傘，獨自徬徨在悠長、悠長又寂寥的雨巷，我希望逢著一個丁香一樣的結著愁怨的姑娘。她是有丁香一樣的顏色，丁香一樣的芬芳，丁香一樣的憂愁，在雨中哀怨，哀怨又徬徨……」這首詩，反映了當時許多失去理想、火把和方向的年輕人的徬徨心態。它以意識流動的筆法、簡約獨特的意象，塑造了一位「結著愁怨」的、「丁香一樣」的姑娘，這個朦朧而迷離、引人遐想無限的形象，正是戴望舒追求美好人生而不得的寫照。命運多舛，在人生曲折中行走的戴望舒，用自己孤獨的靈魂、敏感的心靈、不倦的思索，溫暖了無數迷茫的人，也溫暖了那個寒氣襲人的時代，留下了朦朧含蓄的心靈震盪。

郭沫若的〈靜夜〉，是一支令人回味無窮的小夜曲：「月光淡淡，籠罩著村外的松林。白雲團團，漏出了幾點疏星。天河何處？遠遠的海霧模糊。怕會有鮫人在岸，對月流珠？」一九二〇年代，詩人形單影隻地站在海邊，對月吟哦，字裡行間充溢著失望，也流露出對家鄉和親人的思念之情。透過對月光、松林、白雲、疏星的描寫，詩人展現出一幅幽美的「月夜晚景圖」，把讀者帶入一個超越現實的夢幻世界，由地上到天上，由現實到鮫人傳說。詩人面對蒼茫宇宙，敞開胸懷，訴說鬱積已久的憂愁。那淡淡的憂傷，一如露出的疏星、朦朧的月色，令人陶醉和回味。

徐志摩的〈再別康橋〉，則是輕盈柔美的小夜曲絕唱：「輕輕的我走了，正如我輕輕的來；我輕輕的招手，作別西天的雲彩。那河畔的金柳，是夕陽中的新娘；波光裡的豔影，在我的心頭蕩漾……」這首詩，將自己對生活的感受化作縷縷情思，融會在所抒寫的康橋美景裡，宛如一曲優雅動聽的輕音樂，形象鮮明、意境深刻、音韻生動，以真心寫真情，淋漓盡致地突顯出詩性之美。靈性的夕陽、金柳、柔波、青荇、清潭、虹影、木船、星輝、新娘等，虛虛實實，巧妙地演變成一幅幅優美絕倫的圖景。詩行之中，音樂美、繪畫美和建築美，和著詩人的情感節拍起起落落，交融出天衣無縫的氛圍，營造出蕩氣迴腸的意境。

生而為人，各有各的活法；心靈文字，各有各的寫法。有人粗獷豪放，宜於慷慨悲歌，字裡行間引經據典，鋪陳萬千氣象，讀來餘味無窮；有人稟賦天成，精於自然婉約，清和明暢，意致綿密，可直入內心，「狀難狀之景，達難達之情」，他們就這樣隨心隨性地活著寫著，一不經意，就將自己活成了精緻纏綿、叫人流連回味的小夜曲。

序　活成一支小夜曲　010

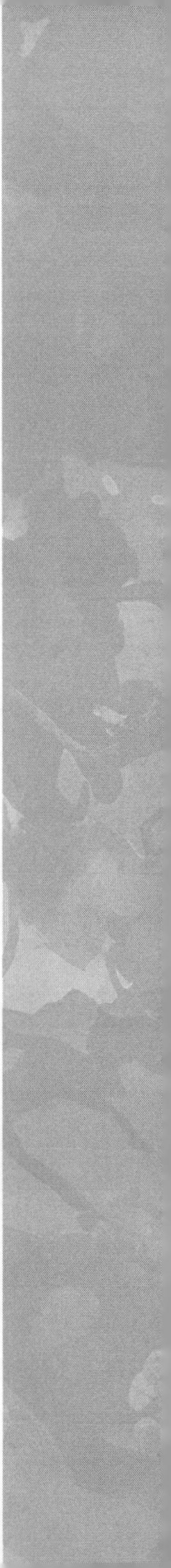

第一輯

愛到深處無怨尤

我愛著，什麼也不說；
我愛著，只我心裡知覺；
我珍惜我的祕密，我也珍惜我的痛苦。

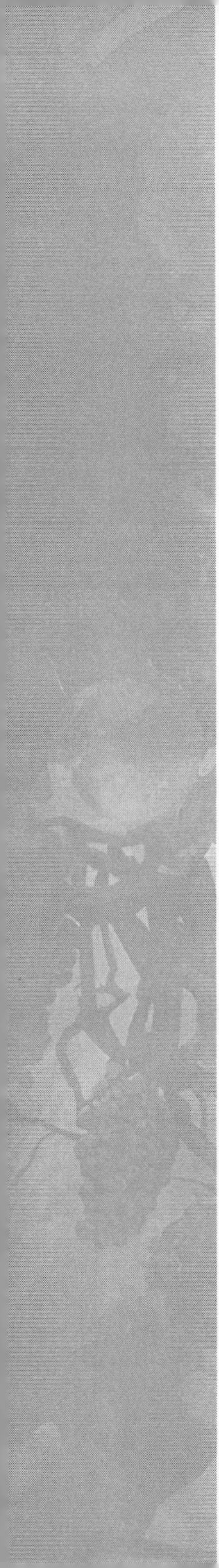

葡萄藤中光陰散

只需一眼

迎新晚會上，主持人叫到桑果的時候，她窘迫地推辭，這時一個瘦高的男孩子走過來，大大方方地拿過另一隻麥克風，說：「妳不介意我們合唱吧？」

桑果終究還是沒獻醜，但是她卻記住了他的名字：林熠。

那晚，因為想念顧良，桑果躲在被窩裡哭了，她掰著手指算，葡萄一年開一次花，結一次果，那麼，四次花開花謝後，她就會離開這座學校，從此和顧良形影不離。沒有哪個女孩子喜歡跟枯燥的葡萄藤打交道，她喜歡的是顧良。可是現在，他們在不同的城市。她沉沉地睡去，依稀感覺到顧良的臉龐貼得很近，帶著薄荷味的呼吸撲在她的嘴邊，她像是坐在打翻了的潮流上，眩暈得厲害。一場春夢，夢醒了，她羞赧不已。

日子是伴隨著對顧良的思念熬過去的，桑果一直搞不懂，自己是如何糊裡糊塗地坐在葡萄酒專業的教室裡的。因為不喜歡，她並不像其他初進大學校園的同學那樣，激動地溢於言表，她總是安靜的，像一枝開在池塘深處的荷。

孤獨的人是可恥的！桑果背著人，哭著罵自己。

✦ 暗戀只是孤芳自賞

林熠總在桑果出現的地方「偶然」出現。他幫她拎保溫瓶，幫她占座，或者在品嘗課上，悄悄塞了一塊麵包給她，說：「喝酒的時候吃點麵包，這樣就不容易醉。」

桑果疑惑地看著他：「沒必要吧？」

林熠認真地說：「麵包有緩解酒精的作用，看妳也沒酒量，不要逞能了。」

暗戀，就像開在葡萄藤最陰暗處的花，開了，但沒人懂，寂寞地開著，林熠覺得自己就是一朵孤芳自賞的葡萄花。

按要求，每人面前的洗手台上，都擺了八隻高腳杯，值日的同學倒上不同品質的葡萄酒，金黃、梅紅、寶石紅、石榴紅的液體，在玻璃杯內閃爍著瑩瑩光澤，他們逐一品嘗，讓酒在舌尖迴旋，細心感受那或綿長或清冽的滋味。

戴眼鏡的女講師說：「這麼好的酒不喝可惜呀，再說，你們將來要當釀酒師，沒有酒量那怎麼行？」

桑果以前滴酒不沾，但是這次，她沒有領林熠的情，偏想醉一場。一堂課下來，她喝光了面前所有的葡萄酒。

她想顧良了，想念似一劑深入骨髓的毒藥，除了酒，她找不到其他解藥。

林熠跟在腳步踉蹌的桑果後面，一直把她護送到宿舍樓下，桑果上樓前，冒出醉醺醺的一句：「我們兩個不會有結果。」

那個冬天，桑果像一顆包裹嚴密的堅果，外殼堅硬得難以想像，所有人都說桑果漂亮，卻難追。

✦ 一顆心只容得下一個人

實驗田裡的葡萄藤綻開了一抹又一抹新綠。

實踐課報告上要求填寫葉子形狀，並據此推斷葡萄種類。初長成的嫩葉怎麼看都是一樣的，面對各種嫩葉桑果就頭暈——葉子、葉子、葉子不都一樣嗎？

林熠走過來，指著葡萄藤說：「卵圓形的葉子，是巨峰，而五月紫是這樣的，它的葉緣向後卷。」

桑果覺得林熠就像太陽，溫暖無處不在。但她卻刻意躲避這種溫暖，說到底還是因為顧良的存在。愛了一個人，心裡就被那個人占得滿滿的，再也容不下他人。

張小嫻不是說了嘛，在愛情裡，誰先動心，誰就會落了下風。下風就下風，她心甘情願地愛著顧良，哪怕她的愛永遠處於下風。這個春天，桑果的世界就是顧良，而不是葡萄藤上陸續長出的葉子，更不是那些細細碎碎的小花，她像飛過葡萄園的花蝴蝶一樣快樂。因為，顧良說要是桑果暑假留校實習，他就來學校看她。

這是多麼振奮人心的消息啊！她心情超好，就破例答應了林熠的請客。

這在以前，是根本不可能的。林熠殷勤地請桑果賞臉吃冰淇淋，他請了N＋1次，桑果拒絕了N次。桑果每次看著林熠訕訕地轉身，心裡就有一絲莫名其妙的感覺，那感覺就像是纏在瓶口的細絲，一圈一圈，勒得她窒息。

第N＋1次，桑果答應了，她三口兩口吃完面前的哈瓦那黃昏，仰頭朝林熠笑：「朋友，愛情是講究緣分的，而我和你，根本就無緣。」

林熠手裡的冰淇淋在陽光下一點一點化開，那感覺，很憂傷，很無辜。

但是桑果裝作沒看見。

我們之中隔著一個人

顧良手機停機，通訊軟體總是不在線。桑果很傷心，找到林熠，說：「請我喝酒吧？」她想報復顧良的失蹤，她需要酒精來麻木自己。

在飯館的小包廂裡，桑果醉得一塌糊塗，她把自己縮在林熠的懷抱裡，仰頭問：「你愛不愛我，愛不愛我，林熠？」說著，她踮起腳尖去吻他稜角分明的嘴唇。

林熠說的那個「愛」字淹沒在一場混沌的吻裡，他愛她，他希望在四年花開花落的光陰之後，能和桑果修成正果。所以他吻得很賣力，桑果卻突然推開他，歪倒在地上。他把醉酒的桑果弄到附近的飯店，守著她直到天亮。桑果終於酒醒了，看到自己躺在陌生的床上，旁邊是和衣而臥的林熠，她氣憤又羞惱地將他拉起來，林熠的表白卻不合時宜：「我喜歡妳，桑果。」

「喜歡你個大頭鬼！」桑果衝出房門。

三天後，顧良終於聯繫了桑果，說很快就到。

桑果打算穿上自己最漂亮的裙子，出現在顧良面前。可事與願違，上體育課的時候，她昏倒在操場上——嚴重低血糖。

林熠和同學將她送到了醫務室打點滴，迷迷糊糊中，她聽到林熠急切地呼喚她的名字，她心想，為什麼是林熠，而不是顧良？

顧良出現在病床前的時候，桑果剛醒過來。她伸手在自己手臂上擰了一把，疼，真真切切。她一下子哭了，像個委屈的孩子，哭倒在顧良懷裡。她擂著他的胸膛又哭又笑：「你終於來了！」

林熠正提著一壺熱水進來，見此情此景，尷尬地咳了一聲，放下水瓶出去了。桑果將臉貼在顧良的手心裡問：「想我了嗎？」

顧良抽出手，沒有回答她，卻問：「會釀酒了嗎，未來的釀酒師？」

桑果堅持說：「我不要釀什麼酒，最煩那些葡萄藤了，還有名目繁多的葡萄品種，一畢業，我就去你那裡，永遠和你在一起。」

顧良欲言又止。

兩天後的早上，桑果約顧良在圖書館前面的林蔭路上散步。一個妖嬈的年輕女子向他們迎面走來，不滿地朝顧良喊：「你怎麼把我一個人扔在旅館？」

女子穿了一件水藍色長裙，裙角一漾一漾的，像碧波蕩漾的海水。

顧良大方地牽起女子的手說：「桑果，這是我妻子，我們結婚了，這次，其實是來旅遊的，順便看看妳。」

桑果的心剎那碎了一地，她用力按了按眼角，將眼淚逼回去後，甩甩頭髮笑了笑：「恭喜你們。」

顧良攜著女子走遠了，桑果「哇」一聲哭了出來，她沒想到，自己痴心愛戀的人，在葡萄花開花又落的光陰裡，卻離她而去。

幸福要自己去把握

釀酒課，他們摘回成筐的葡萄，桑果和林熠一組，擺放在他們面前的，一半是紫紅色的巨峰，一半是綠色的白玉，老師看著垂涎欲滴的同學們，會心地一笑：「大家先盡情吃自己面前的葡萄，一會兒開工了，可不許偷吃啊。」

桑果摘下一顆碧綠的白玉放進嘴裡，沁透肺腑的酸，她剛要吐出來，一隻手伸過來，是林熠，他遞給她碩大晶瑩的紫紅巨峰：「嘗這個，甜。」

桑果接過，果然，那甜絲絲縷縷地一直滲到心裡去，像一直以來，林熠身上散發出來的溫情。

原汁放在密封的玻璃罐內，貼上標籤，標籤上寫：桑果，林熠，20××年09月28日。定時監測，幾乎都是林熠一個人的事情，桑果樂得清閒。林熠是做事穩妥的男孩子，必定會把事情做到完美，何況，這次的酒，是他和桑果共同做的試驗品，他對那罐酒，因為桑果而有著特殊的感情。

每次在走廊上遇見桑果，林熠總要詳盡地報告一下：「桑果，今天溫度25，比重6.5」、「桑果，今天溫度23，比重5.0」、「桑果，我昨天加了二氧化硫，今天倒了罐」……

桑果開始很不耐煩，但是後來，他們自己釀的葡萄酒從地下室被搬到了品嘗課上，當醇厚優雅的酒香迴盪在口腔的時候，桑果便釋然了。其實，在釀造的過程裡，溫度和溼度是可以把握的，那麼，幸福又何嘗不是呢？

她想，如果林熠能向自己表白，自己是否該抿嘴一笑，答應他的請求？

可是，一想起兩個人共處一室的那個夜晚，自己那些過分的舉動，桑果就抓狂得想撞牆。

✦花未開，花已落

花開花落，四年光陰如水滑過。桑果辦好離校手續後，鼓足勇氣跑去找林熠，她想抓住最後的機會告訴他，其實，不知道從什麼時候開始，她也喜歡他了，她想知道，還來不來得及。

林熠卻提前走了。

走得最晚的那個男生告訴桑果，林熠前一晚夢話連篇，還叫了她的名字。他說：「妳不知道嗎？林熠真的喜歡妳，他前兩天還說，他怕再次碰壁，所以他跟自己打賭，如果妳來找他，他就放棄已經談好的工作跟妳走，天涯海角都行。」

桑果的心，在一剎那鋪天蓋地地疼起來。

她打開了通訊軟體，看見林熠的簽名：光陰，再見。

桑果嘴角扯了扯，扯出一絲苦笑。

有漣漪在心裡漾來漾去，桑果知道，是該徹底向那些藤類植物說再見了，既然已經錯過，就只能祝福林熠，未來會有繁密的花朵一路盛開。

天使會替我愛你

生於黑暗，渴望陽光

我是一個需要戴著闊邊帽才能出門的男人。

我住在臨街六樓的一間屋子裡，除了購買生活必需品，基本上不出門，有時候我感覺自己像個困獸一般，明明看得見外面的紅花綠樹，但就是被桎梏在牢籠裡不能出去，我在房間裡踱來踱去，於渾渾噩噩中聽任晨昏交替。

對了，六樓有個好處，可以通向天臺，所以我在天臺上砌了一個花壇，養了很多小白菊，微風拂過，白色的小花朵隨風搖曳，妖嬈、婉約。

我躲在窗簾後面，用一架長筒望遠鏡觀察廣場上靠左邊的那個女子。她今天穿了一件淺灰色的針織開衫，衣襬上繡著大朵大朵的同色系向日葵，明媚中透出一股憂傷的味道。秀髮偶爾被風吹亂，她會抬手去撫弄，那個動作極富女人味。

我真想像一個普通人一樣，大大方方地坐在她面前的椅子上，說：「替我畫幅畫吧，要素描的。」

然後，任她仔細地揣摩我，觀察我，低頭沉思一小會兒，開始動筆。當然，我不會忘記付費給她，畫畫是她的工作。

對我而言，那個場景是一種奢侈。我不能夠貿然見她，她是那麼美好，像個天使，天使怎麼能夠和我這樣骯髒的男人對視呢，我嘲笑自己的痴心妄想。

我買了莫內和竇加的書回來讀，只希望有朝一日，當我和她談起畫的時候，我不是什麼都不懂的傻瓜，我不想在她面前太空洞、太無知。

在喜歡的女人面前裝作強大、裝作無所不知，這幾乎是每一個男人的天性。我承認我喜歡她。

可是，當那個優雅的男人出現在我的鏡頭裡，當他坐在她面前，她專注地為他作畫時，我還是嫉妒得心都疼了。那個男人很帥，很陽光。可是，他竟然帶著一盆小白菊，和我種植的一模一樣，這讓我很窩火。第二天的同一時間，他再坐在她對面讓她畫畫時，一場大雨驟然來臨，男人起身離開，我套了一件雨衣，奔下樓去，在廣場旁邊一條狹窄的巷子裡襲擊了他，我沒拿他的錢包，只拿走了他錢包裡的證件。

他叫林默，一個笑容陽光、職業高尚的男人。

晚上，我從睡夢裡驚醒。我夢見自己被無數個警察追趕，筋疲力盡地奔跑，終於無路可逃，前面是一條狹長的死胡同，我跪下，子彈呼嘯著穿過我的胸膛，我倒地而死，血液黏稠而腥甜。那一瞬，我覺得自己摸到了上帝的手。

不過是一場噩夢。

夢醒之後已是清晨，我走到窗邊，掀出一條縫隙看出去，那個女子已經放好了她的畫架，正在聚精會神地為一位面容慈祥的老者作畫。她真美，畫畫的姿勢也美。

天氣很晴朗，一縷陽光恰好從窗簾的縫隙裡射進來，刺花了我的眼睛。

◆願意在黑暗中默默守護

三天後，我戴著闊邊帽出了門。我跟蹤了她，並輕易找到了她的住處，那是一家古董店，她和爺爺生活在一起。

我開始在每天天未亮的時候出門，那時的她，應該剛起床吧，我戴著闊邊帽，帶一小盆親手種植的小白菊，我親吻一下花瓣，然後輕手輕腳地將花放在她的古董店門口。一天又一天，樂此不疲。

當然，我會躲在對面的街口，看她出來端走花盆。她會將鼻子埋進花瓣裡，深深吸一口花香，然後淺笑盈盈地左右張望，我知道，她在尋找送花給她的人。我心裡很暖，雖然我從不敢與她目光交接。

你知道，這個世界，有陽光，便有黑暗，有陽光下的高尚男子，便有黑暗中我這樣的異類。我就像一塊生長在陰暗潮溼角落裡的苔蘚，不敢見光，無法示人，寂寞而痛苦，心理扭曲而表面冷酷。我痛苦地發現，我愛上了她。這是一種更甚於淩遲的痛苦，明知無望，明知那種幻象就像廣場上孩童吹出的肥皂泡，光彩華麗，卻在瞬間破滅。

終於，當林默起身離去後，我戴著帽子走到她面前，壓抑著內心的顫抖說：「請替我畫幅畫吧，素描。」

她天真地伸出一隻手掌，我將兩張鈔票放在她的手心。她笑了，我也笑了，這是我在陽光下第一次笑。

三次以後，我們便熟識了。每次林默走後，我都會選擇一個較為安全的時間走到她的面前，讓她替我畫一幅畫。我喜歡她盯著我看時的樣子，喜歡她抬手撫弄頭髮的樣子。後來，她說：「我現在即使不看你的臉，也能畫出你的樣子。」

那句話，讓我的心陡然溫暖。

我們開始在廣場之外的地方見面，我帶她到我的天臺，指著花壇裡的小白菊給她看，她興奮得像個孩子一樣跳起來：「喬，再過十幾天我就要辦個人畫展了，到時能否借你的花一用？」

「當然可以。」

當她帶我到她的畫室時，我愣了足有三分鐘。她指著滿屋子的油畫讓我看，興奮地談論著將要舉行的畫展，而我的眼睛卻定格在一幅大型油畫上面，畫面上是一片鄉間的田野，漫山遍野，開滿了白色的菊，近處有條小河，一架簡陋的木橋貫穿小河，整個畫面美得猶如夢境。

我脫口而出：「印象派的特徵是，將對事物的直接觸覺用原色和短小的筆觸重現光影。」她愣愣地看著我，然後若有所思地笑了。

古董店。畫室。六樓的天臺。我和她相安無事。

我不敢牽她的手，不敢擁抱她，更不敢親吻她，我怕自己所有出於愛情的舉動都會褻瀆她。我狠狠克制著自己強烈的愛慕，在一個人的深夜反覆告訴自己：「愛她，她就是你的神，你的靈魂必須乾淨。」

可是我的靈魂，早已無處安放。我咬著被角哭，整晚整晚。

終於在一個下著雨，提早收工的午後，蘇向我講述了她的故事。

心事要向誰人傾訴

蘇說：

「整個夏天，因為要準備畫展，我留在爺爺住的村莊，每天背著畫夾去河對岸。河對岸有大片美麗的白菊正在盛開。我徜徉其中，做著美麗的夢。」

「對我來說，白菊就像向日葵，梵谷畫向日葵，我畫白菊，我就是因為梵谷而當上了畫家。誠實地說，我一直在期待初戀。爺爺總按著我的頭說：『蘇，再不嫁就要當剩女啦。』可是，沒有中意的男人，我寧肯守著我的畫筆、我的顏料、我的一張又一張畫紙蹉跎下去。」

「那天，我不小心摔下橋，畫筆兜被水沖走了，那天沒畫成，我很鬱悶。可是，喬，你知道嗎？第二天，在我落水的地方重新修了一座木橋，而我的畫筆兜就掛在橋頭。我站在橋上，大聲地對那個躲起來的男人喊謝謝，心裡無比感動。」

「我期盼著再見到那個男子。我肯定自己已經愛上了他。」

「回城後，我每天清晨都會收到一盆小白菊，青翠的綠葉，花瓣白，花蕊黃，在空氣裡蕩漾著淡淡的清香。我知道，送我花的男子定是半個月前的神祕男子，只有他才知道我是多麼喜歡小白菊。」

「我開始在廣場上替人畫畫，順便尋找他。我喜歡這種生活方式。那天陽光很好，端著一盆小白菊的林默在我面前的椅子上坐下，讓我畫幅素描給他。」

「他很帥，黝黑，笑容清淺，我拿著炭條的手不由自主地顫抖了一下，我認定林默就是我一直期待的男子。那幅畫，因為驚喜，我幾乎難以完成，這是從來沒有過的事。愛情來臨的時候，每個人都會慌張的，對不對？」

「我一直在等他表白。喬，我們會是永遠的朋友，對吧？」

傾盡所有也只願你幸福

蘇，我會是妳永遠的朋友。

那天的雨淅淅瀝瀝下個不停，我一路低頭疾走，腦子裡回想著蘇的故事。距離廣場還有三條街的時候，從旁邊衝出幾個警察，我被捕了。用手銬銬上我的警察是林默，他笑容很清淺，不像整天與匪徒打交道的男子。

在看守所，我要求見林默。我把蘇講給我的那個故事一字不漏地講給他聽，末了，我說：「林默，蘇愛上了你，希望你好好待她，就算我求你，求你愛她。」

林默被我的話弄得一頭霧水：「那個畫家？蘇？呵呵，我只是在執行抓捕你的任務，從她安置畫架的那個位置，我可以監視周圍環境而不被發現，因為有她做我的掩護，我更安全。」

「是的，有時我也強烈感覺到她對我的喜歡，但是你弄錯了，我並不是送花給她的男子，也不是為她修橋的男子。我想，她應該能夠等到她真正愛的男人。」

「不可能！」我粗暴地打斷了他。

「林默，我就是那個男人。一個月前，迫於通緝的壓力，我躲到了鄉下。那裡有一條美麗的小河，河對岸是漫天遍野的白菊，為了洗刷靈魂的罪惡，我每天坐在白菊叢邊，吸吮那些略帶苦澀的清香，我渴望用那些香氣除掉我身上的罪惡，我渴望贖罪，又怕失去自由。」

「那天，蘇去河對岸寫生，過橋的時候不慎滑落，那一幕剛好被我看見。我奔到下游撈回她的畫筆兜，從那天起，我愛上了她。第二天天剛亮，我就動手修了一座新的木橋，並將她的畫筆兜掛在橋頭。第三天，橋頭出現了一幅油畫，畫裡有綠的樹，白的花，還有我親手修的木橋。」

「你？」我明顯地讀到了林默眼睛裡的吃驚。然後，潮溼一點一點氤氳了他的眼眶。

我求他帶我回一趟航空廣場的六樓。林默在請示上級獲準之後，答應了。

我拿出一直珍藏著的那幅小型油畫，交給林默。蘇是愛他的，除了我和他，再沒有人知道這個祕密，我希望，當我的靈魂終於找到安放之處之後，能有一個笑容陽光、職業高尚的男人替我去愛蘇。

這個女人，我一直渴慕，即使近在咫尺我都會刻骨思念。但現在，我卻要用一生乃至下輩子去思念她了。

誰讓我，曾經犯下不可饒恕的罪過！我曾經因為過失背負一條人命，我是一個整天東躲西藏的在逃通緝犯，我一直生活在陰暗的角落，陽光離我很遠，很遠。

林默答應了我的請求。

白菊的花語是「愛在心中」。

我對蘇的愛將一直在心中，一直，一直。

被風吹亂的夏天

✦獻身於藝術

亞妮盯著穿衣鏡裡的自己哭笑不得。

古銅色長袍短褂，古銅色瓜皮小帽，將她整個人捂得嚴嚴實實。凡是露出來的皮膚——脖頸、臉蛋、手……一概先塗上一層古銅色的油彩，然後再抹上一層銅粉，像是上了厚厚的一層石膏，如果一動不動，整個人跟一具剛出土的活文物沒什麼區別。

李書左右打量著她，嘴裡發出嘖嘖讚嘆：「嗯，蠻像的，呵呵。」

亞妮坐在屋角的舊木椅上，等李書化妝。顯然李書替自己化妝已經熟門熟路了，不出十分鐘，另一個活文物赫然站立在亞妮面前，她看著李書，撲哧一聲笑了。

她許久以來第一次笑得如此開心。

李書把二尺長的銅菸斗遞給她，一邊鎖門一邊說：「妳別笑，我們這叫行為藝術，這是為藝術獻身。」

亞妮對此嗤之以鼻。一個月來，她跟著李書每天都重複著這些事——化妝，出去擺攤，收攤，睡覺。她覺得自己就像一臺機器，機械地按照設定好的程式按部就班，從不覺得做行為藝術是一件多麼新潮的事。如果當初不是連果腹都成問題，她死也不會看上這個行業。

可是一切彷彿命中注定，身無分文時，李書收留了她。他哼哧哼哧地從舊貨市場買來一張鋼絲床，支在逼仄的屋角，又變魔術般弄來一塊粉紫色碎花的棉布，只三兩下，一個隔斷就做好了。從那天起，她就像一隻寄居蟹，住在李書租來的屋簷下。

她不說她從哪裡來，到哪裡去，李書也不問。他是個好脾氣的男子，應了那句話——謙謙君子溫潤如玉。

亞妮跟在李書身後，暮春的早晨已經暖意融融，陽光明晃晃的，有點刺眼。因為太早，巷子裡遊人稀稀疏疏，幾家院落外卻已經支起了麻將桌，桌角的茶杯冒出裊裊霧氣。閒適，一直是這座城市的獨有標籤。

走到中途，亞妮左眼皮連跳三下，她想，今天該不會飛來橫禍吧？這樣想著，心裡就無端漫上來一股悲摧的感覺。

等的人還是不來

穿過窄巷子，走進寬巷子中段，他們在一家古色古香的四合院門前停下，身後的大門，厚重、斑駁，泛著舊時光的滄桑感。李書說這扇大門做他們的背景簡直就是絕配，亞妮認同他的說法。

當初就是在這裡，餓得前胸貼後背的亞妮被李書的造型驚呆了，她還記得自己當時有一股衝動，想伸出手去摸一摸這尊銅雕塑到底是雕塑還是活人，後來，她坐在對面一戶人家門口的石墩上，就那樣一直看著李書表演，再後來，她頭暈目眩，暈了過去。

那已經是一個月前的事了，想想仍覺恍惚。亞妮搖了搖頭，把思緒從回憶裡拉回來。

李書把手裡正方形的木頭箱子放在地上，箱子上用金粉寫著幾個小楷：「行為藝術，拍照您請隨意付錢。」

日頭漸高，巷子裡遊人漸漸多了起來，開始有遊人駐足而立，還有幾個金髮碧眼的外國人，從他們好奇的眼光裡，亞妮瞥見了自己正在從事的事情的確很新潮、很另類。

可不是嘛，靜時儼然兩尊雕塑，要不是眼珠子偶爾動一下，誰也看不出這兩人是大活人，乍一看還以為是旅遊勝地的雕塑呢。而動時就精采了，一招一式都是仿古，直看得遊人發呆，鼓掌叫好。現在的亞妮，早已成為李書默契的搭檔。只要有遊人要求拍照，兩個人立刻就能擺出相當合拍的姿勢。

還記得第一次被人圍觀時，亞妮覺得太難堪了，便趁沒人時對李書耳語：「我們又不是動物園裡的大猩猩，這不是遭人笑嗎？」

李書淡淡一笑：「行為藝術也是勞動，既沒偷又沒搶，沒什麼丟人現眼的。」

李書沒唸過大學，沒正經工作，他說現在的生活離他當初的夢想很近。上高中時他就渴望考上藝術學院，可是事與願違，考前兩天，他生了一場很重的病，後來家裡也沒閒錢供他復讀，所以他很珍惜現在這份工作。

「工作？分明是擺攤好不好？」亞妮從心底裡嗤笑他。

在經歷了被人圍觀的各種羞赧之後，亞妮現在也能坦然面對了，何況她和李書搭檔的效果很好，寬巷子裡遊客如織，是來旅遊的遊客們必到之處，找他們合影的遊人愈來愈多，收入自然也節節攀升。

她沒告訴李書，其實她心裡藏著一個夢想，為了那個夢想她必須堅持下去。她相信，只要她每天守在寬巷子裡，就能等到她要找的那個人。

第一縷晚霞自天邊升起時，寬巷子裡的遊人還沒有散去，亞妮看到，一個梳著波波頭的女孩子怯怯地站在不遠處，黑亮的眸子裡閃著複雜的光芒。

李書手忙腳亂地收拾攤子，親熱地拍了亞妮一下：「走嘍，回家！」

亞妮無端覺得，李書的腳步有點踉蹌。

晚上，李書跑出去從夜市上買了啤酒、鴨脖、棒棒雞，平時話不多的他喝了酒舌頭就開始打結，問亞妮：「妳是不是覺得……做這個很沒勁？沒勁妳隨時可以走！」

亞妮嘆了口氣，她要等的人什麼時候才出現呢？躺在隔斷後面聽著李書窸窸窣窣點錢的聲音，她忽然覺得夜如此漫長。真的很沒勁！

明明相見，卻不相識

這天和往日沒什麼不同，穿過窄巷子的時候，亞妮驚喜地發現拐角那株高大的梧桐更綠了，花苞已經開了一多半，有的半含羞、半娉婷，甚是妖嬈。掐指算算，她來到這座城市已經三個月零六天了。

一個虎頭虎腦的小男孩纏著父母要和他們拍照，咔嚓咔嚓照了幾張後，亞妮重新擺好姿勢，這時，她的眼睛直了，緊接著，心裡就有一大塊東西轟然倒塌。

她的夢想，在下午三點一刻的時候，轟然現身了。心揪得很疼。

一個穿著紫色長裙的尖下巴美女尖叫著喊住她的男友，嬌裡嬌氣地指著李書和亞妮說：「親愛的，來合個影！」

男人很聽話，舉著買給女人的棉花糖乖乖地走了過來，照片還沒拍，先朝木箱裡投了一張百元鈔票，女人呵呵地笑著，拉著男人站在李書和亞妮的中間。

李書討巧地說：「先生給了那麼多錢，那就多拍幾張吧。」

男人把相機交給一個圍觀的中年男人，抱了抱拳，意思是拜託了。

亞妮的喉嚨口彷彿被一團東西堵住了，悶得厲害，又無從疏解。眼前這個衣著入時的男人不是林浩然是誰？

她就是為了他才千里迢迢離開故鄉來到這座城市的，過年時，偶爾從校友嘴裡得知林浩然在這裡，亞妮就發了狠心，一定要找到林浩然，她要親口聽林浩然的解釋，找不到他，她永不回家。隨身攜帶的錢花光後，她陷入兩難境地——離開，不甘心；留下，朝不保夕。

可是林浩然顯然過得很好，甚至懷擁佳人。這讓她憤怒，但是她不能表現出來，因為林浩然沒認出她。此刻，林浩然就站在自己身邊，他的衣袖還蹭上了她的古銅色小褂，甚至，他還轉過頭來，看著亞妮說：「妳的裝扮簡直太逼真了！」

亞妮沒笑，她覺得一點都不好笑，她滿腦子都是瘋狂的念頭——想像著自己抬起右手，撫摸林浩然英俊的臉，然後，冷不防賞他個巴掌。

可她不能那麼做，她現在是在做行為藝術，而這藝術還與金錢直接掛鉤，更何況，有那麼多圍觀的遊客呢。

強壓心頭怒火，亞妮手提長嘴銅茶壺，李書嘴叼細菸斗，兩個人擺出了嫻熟的姿勢，滿足了林浩然和尖下巴的拍照欲望。拍完照，沒等亞妮一口悶氣喘勻，尖下巴已經吊在林浩然的手臂上咯咯笑著遠去。

亞妮頹喪極了，低聲對李書說：「我想收工。」

李書愣了愣，拿手裡二尺長的菸斗在她頭上輕輕敲一下：「現在正是人多的時候，妳餓了？再堅持會兒吧。」

一股無名火自亞妮胸膛裡竄出來，她低聲卻蠻橫地說：「你堅持，我撤退。」

現實是如此骨感

林浩然是亞妮的落跑新郎。

現在，他是她最恨的仇人。對一個女人來說，沒什麼比在婚禮上遭男人拋棄更難堪的了。可林浩然這麼做了，所以她恨他。

青色軟底布鞋踩在乾淨的青石板上，悄然得像鬼魂遊走一般，亞妮覺得自己被一種壞情緒附身了。她不顧身後李書在喊她，撒腿跑起來。她躲在人群裡，難過地看著尖下巴整個人依偎在林浩然懷裡，時不時把一隻甜筒遞到林浩然嘴邊。

她難過地看著他們在美食街買麻辣串，林浩然舉著大把的麻辣串，尖下巴吃完一串，他就遞給她一串。他們的笑聲在嘈雜的人群裡肆無忌憚，亞妮心裡僅存的一點點光亮一點一點暗了下去。

從寬巷子走出去就是窄巷子，曲曲折折的窄巷子盡頭，聳立著一幢磚紅色的洋房，林浩然摟著尖下巴走了進去。亞妮這時才低頭看了看自己一身滑稽的裝扮，頹喪地想哭出來。

去年五月一號那天豔陽高照，她穿一襲潔白的婚紗望穿了秋水，卻沒等來新郎林浩然，打電話，那邊關機。他就像炎炎烈日下水泥地上的一滴水，瞬間蒸發，了無蹤影。

直到夜幕低垂，亞妮還是不能接受這個令人羞恥的事實：她被林浩然耍了，他跑了！

她氣憤地想拿刀子殺人，幸虧婚禮沒有邀請任何人，就他們兩個，在租來的六十平方公尺的房子裡裸婚，否則真的是把祖宗八代的臉都丟盡了！

那天哭夠後，亞妮把婚紗剪成了碎片，她想，一定要找到他，揪著他的領子，賞他幾個響亮的耳光，簡直不是人，怎麼能拿婚姻大事當兒戲！可是現在，她終於與他狹路相逢，卻自慚形穢，滿心晦暗。

以前，那是屬於她和林浩然的青蔥年華。那時的她以極其卑微的姿態愛著林浩然。林浩然是校草，打籃球、踢足球的樣子都帥得要命。而她長相平平，扔進人堆裡就找不到的那種。她要命地喜歡林浩然，喜歡他穿著白T恤、破洞仔褲痞痞的樣子，喜歡他玉樹臨風的樣子，當然，最喜歡他的傲氣。

可她不敢把「喜歡」兩字說出口，只能任由林浩然漫不經心的眼神從她身上飄過。那個深秋的晚自習後，林浩然把她抵在教學樓樓梯拐角，雙手在牆上圈成一個三角形，蠻橫地問她：「妳喜歡我？」

她窘迫地點頭。好似有千萬隻小鹿撞擊著她的胸口，她看到他的嘴唇離她只有幾公分遠，她目眩神迷地迎接了她的初吻，那種感覺真的是比蜜糖還要甜。

落榜後，她義無反顧地跟林浩然私奔。林浩然天生懶散，本身沒有一技之長還想找個待遇好的白領工作，於是屢屢碰壁。倒是亞妮為了兩人的生計，什麼髒活累活都做，飯店裡端盤子洗碗、速食店送外賣，甚至沒錢交房租的時候，她還在建築工地上賣過命。

林浩然總說會讓亞妮過上好日子，可是對於好日子的念想就像一個不著邊際的夢，那麼遠，那麼空虛。

真正的日子似水一般滑了過去。

✦說好的一輩子

亞妮跟蹌著腳步奔回李書的屋子。

巨大的悲傷籠罩了她的心臟，她甚至哭不出來。隨手打開屋角的舊光碟機，把《霸王別姬》塞進光碟機。這部電影她看過很多次，看一次，哭一次。每當夜深人靜的時候，李書睡得正酣，她窩在籐椅上，昏天黑地地看光碟，一邊看，一邊流淚，一邊跟著程蝶衣痴痴地念：「說好了是一輩子，差一年，差一個月，一天，一個時辰，都不是一輩子！」

記得有一次她哭得很大聲，把李書驚醒了。他起床站在她身邊，一言不發地看著她，那眼神裡有一種心疼、一種不解、一種恨鐵不成鋼的感覺。亞妮胸前左下方的地方一抽一抽地疼起來，像細瓷花瓶新裂開的細紋，是那種看不見的疼。她心疼，是因為李書說的一句話：「我愛不了妳一輩子，但是我活幾天，就會照顧妳幾天！」

以前跟林浩然在一起的時候，每當她瞪著黑漆漆的眼睛問他：「你會愛我多久？」

林浩然就會想都不想地給出一成不變的答案：「一輩子！」

然後他摸過一根菸，一邊吸著，一邊把另外一隻手滑進被子裡，亞妮的身體光滑得像一尾魚，下了高山到平川，沒有林浩然不想要的。

可他一邊說著一輩子，一邊在一個毫無預兆的凌晨走了，走得決絕，走得冷漠，走得無影無蹤。

李書收工回來，亞妮已經在看第二遍《霸王別姬》，李書小心翼翼地問她想吃什麼說他去做，亞妮笑了：「我想吃傷心涼粉，雙份辣椒。」

李書二話不說，卸完妝，換了衣服就出去買。傷心涼粉辣得很徹底，很適合亞妮此刻的心境，吃到最後，一把鼻涕、一把眼淚的。

第二天，亞妮沒有像往常一樣塗油彩、抹銅粉，長袍短褂和瓜皮小帽原樣掛在衣帽架上。她今天要做一件重要的事。

李書提著木頭箱子，沉默地走進寬巷子。亞妮看著李書的影子在巷子深處拉得很長，心裡有點疼。她轉身去了窄巷子，很幸運，十一點的時候她等到了林浩然。

林浩然一身西裝革履，胸前別著一朵寫有新郎的大紅花。亞妮一眼認出，他身上那套西裝是她在百貨公司看過很多次的亞曼尼。當初也只是看看，並沒錢買。現在，林浩然終於穿上了這套衣服，打扮起來比金城武還帥。

林浩然乍一看見亞妮，慌不擇路。亞妮淡定地走過去，問他：「你不是說愛我一輩子嗎？」

她想，即便是他負了她，她也願意原諒他，不會再追究他當初為何扔下她跑掉，現在只要他肯回心轉意，她仍然歡喜。

她想，自己真傻啊，人家都要結婚了，自己居然還夢想著一線生機。

果然，林浩然的話像一盆冷水兜頭澆過來：「一輩子妳也信？對不起，今天是我大婚的日子，算我求妳，別在這裡搗亂好嗎？該幹嘛幹嘛去！」

林浩然身後是一座漂亮的四合院，園裡有屋，屋中有院，院中有樹，樹上有天，天上有明晃晃的太陽……亞妮有點眩暈。正午十二點，一頂大紅轎子停在院落門口，尖下巴美女穿著潔白的婚紗款款邁下轎子，林浩然滿臉堆笑去攙她。鑼鼓頓時喧天。

果然，好吃懶做的林浩然最懂得靠女人謀求富貴。她亞妮算什麼？沒錢沒勢，長得也不傾國傾城，根本不是林浩然的那盤菜！

她連恨的力氣都沒有了，撒腿就往寬巷子跑。跑到她和李書的老地方，五公尺外，亞妮站住了。她又看到了那個梳著波波頭的女孩子，女孩子梨花含淚地站在李書面前。亞妮往前走了幾步，隱約聽到李書說：「妳走吧，我們無緣。」

朗朗晴空下，亞妮的心突然一片空白。

只想和你在一起

出了窄巷子，走進寬巷子，亞妮腦海裡又迴旋起了程蝶衣痴痴的聲音：「說好了是一輩子，差一年，差一個月，一天，一個時辰，都不是一輩子！」

其實，一輩子，真的不重要了，重要的是廝守在一起不離不棄。她終於想通了這一點，也終於驚覺，愛情並不是水中花鏡中月，而是實實在在地在自己身邊。

很多個午後，斜陽懶懶地落下去，收了工的亞妮喜歡牽著李書寬厚的手，坐在老茶館門口的籐椅上喝一杯茶，看那些半老頭子唾沫飛濺地擺龍門陣，或者眉清目秀的女孩子埋頭繡蜀錦，貓懶懶地盤在腳下打盹，梧桐樹投下斑駁的影子，對面院落裡的樹上掛著一對畫眉……寬寬的窄巷子，窄窄的寬巷子，細細密密地述說著舊事和如今，也述說著她的愛情。

她願意跟李書在一起，在偶然看見李書罹患重病的診斷證明之後，即便李書用了各種方法趕她走，她也總是淡然一笑，然後淡定地往身上塗油彩，抹銅粉，穿戴謀生計的長袍短褂、瓜皮小帽。

他趕走了梳著波波頭的女孩子，可是別想趕走她，她就是要賴在他身邊，笑看梧桐花謝花開，走過人生最普通的一個個晨昏。

回頭，我在原地等你

我相信他在等我

夏南在樓下看見我的狼狽相，便拎過包跟著我上了樓，一邊在廚房為我煮薑湯，一邊喋喋不休地罵我：「林小北妳沒長腦子啊，下這麼大的雨也不知道躲躲，連命都不要了？」

我沒理他，沉浸在剛才的情景裡無法回過神來。

一個小時前，天空一片陰霾，空氣也變得異常悶熱。我從報社下班準備走一站路去搭乘公車回租屋處，就在抬頭的一剎那，我看見一個男人從附近的大廈裡信步走出來，他修長挺拔，目不斜視，邁進一輛黑色 NISSAN 疾馳而去。

我就那樣在烏雲壓頂的時候愣怔住了，兩隻腳彷彿栽進水泥地裡，完全邁不動，直到大雨傾盆而下才警醒過來。路上的行人開始奔跑，車子甩著水花疾馳在灰濛濛的路面上，我驚喜交加地走在雨地裡，滿腦子都是簡放的樣子。

沒錯，肯定是他。這麼多年，簡放的身影、臉龐，猶如一根倔強的藤，始終纏繞在我的夢裡不曾褪去，我不可能認錯人。

好幾站的路程，我就那樣走了回來。這樣造成的直接後果是我發起了高燒。夏南的薑湯沒發揮作用，夜裡，我渾身滾燙地醒過來，眼前還是縈繞著簡放的身影，捱到天亮，我撥通了夏南的電話：「幫我請個假吧。」

夏南聽我聲音異樣，連聲問：「是不是病了？我說妳逞能吧？妳為什麼老跟自己過不去啊？」

我突然很煩他的嘮叨，無聲地掛了電話關掉手機。

一刻鐘後，有人砰砰砰敲門，是夏南。他二話不說就要帶我去醫院，我掙扎無果，只好任他將我背起來。他的背很溫暖，可是不是我想要的溫度。從醫院打完點滴回來，夏南買菜，熬粥，逼著我一口口吃下去，吃到一半，我突兀地抬起頭說：「你猜我遇到誰了？」

沒等他猜，我就跟他講起了簡放。

夏南的眼神黯淡下去，他默默地幫我收拾好凌亂的屋子，在他離開前，我沒心沒肺地笑著說：「夏南，我一定能找到簡放，你說呢？」

他黑著臉扔下一句：「妳傻不傻啊，妳以為誰都會在原地等妳？」

✦物是人非事事休

我在大廈外面的廣場上等了三天，終於等到了簡放。我倔強地盯著他，渴望從他的眼睛裡捕捉到巨大的驚喜，可是驚喜是有的，卻淡淡的轉瞬即逝。他愣了，有些失神，說話也不俐落起來：「小北，怎麼是妳？妳怎麼會在這裡？」

我站在斑駁的陽光下，瞇著眼看著兩公尺外的他。其實我整個人是全然慌亂的，緊張得全身都在戰慄，心臟就如同一隻小鹿，奔跑在安靜的樹林裡。

我們有六年沒見面了，在他高二下學期轉學後，我們就失散了。我寂寞地度過高三，考入南方的一所大學讀中文系。

實際上，他的轉學跟我有關。高二那年，我十七，他十八，早戀猝不及防，下了晚自習簡放在回家的路口吻我，那一幕恰好被前來接我的母親看見。

簡放舉家搬離後，我才知道母親去找過他的父母。為此我鬧過，甚至以絕食相逼，母親淚流滿面地求我做個好孩子，她說：「小北妳本來就不是一個離經叛道的孩子，人生處處有風景，現在妳真的還小。」

我承認，那一刻，我第一次體會到了命運原來真的有一張翻雲覆雨手，在它面前，愛情毫無抵抗力。

現在的我，依然是那個沒有稜角、沒有特點、不張揚、不灑脫的女孩子。而簡放依舊魁梧、依舊英俊，只是歲月把他歷練得更加沉穩，熟男氣息撲面而來。一縷微風吹亂了他額前的髮絲，我真想伸手去替他拂開，卻發現自己除了心臟在毫無章法地跳動，四肢根本就動不了。

我在他面前，總是這麼緊張，甚至想請他喝杯咖啡敘敘舊的話都說得語無倫次。他呵呵笑了，說：「好，明天行不行？今晚我和女友有約。」

我的心震了一下。雖然我知道時過境遷，他可能會發生各種變化，可我還是一下子難以接受。或許他不知道，當我偶然得知他的所在地時，我是如何以飛蛾撲火的姿勢，拋掉待遇優渥的工作來到他所在的城市。

歲月的車輪轟隆隆碾過去，物是人非事事休，我發現自己還是愛著他。既然他還未婚，我未嫁，那麼，一切還來得及。

不是我的誰

我拉著夏南去商場，不厭其煩地試各種漂亮衣服，一遍遍問夏南：「我穿這件好不好看？」

他搖頭。

我又問：「那這件呢？」他還是搖頭。

我生氣了，拉著他奔出商場質問他：「你到底怎麼了，心不在焉的？還是不是我兄弟？」

他不說話，冷冷地瞥了我一眼轉身就走。這是他第一次這麼對我。可是我不在乎。我知道他很快就會笑嘻嘻地回來找我，我們還會一起喝酒，一起打電玩，一起坐在他家的沙發上看美劇。

他和我永遠是兄弟，感情上我們永遠是兩條平行線，不會有交集。

夏南是我來這裡後認識的，他在報社已經混了好幾年，是社會版的主任，而我初來乍到，面對陌生的環境，也沒有朋友，甚至連住處都成問題。他得知我的境況，說剛好他住的公寓樓上有一戶人家的一居室在出租，問我要不要租，我連連點頭。

夏南花了整整兩天的工夫，幫我把房子簡單粉刷了一遍，房子裡陳設簡單，除了一張床、一張書桌，就是一臺舊電視機了。可是，能這麼快找到落腳的地方，我很滿足。我對他說謝謝，他抹了把汗笑呵呵地說，客氣什麼，以後有用得著的地方，儘管說。

他就是這麼一個率性、熱心的男人。有天，他甚至抱回一盆雛菊放在我的窗臺上，每次過來都會細心地澆澆水，他說，雛菊開了會很漂亮。

可是，他漸漸地很煩。他會把我買的泡麵全都扔掉，說吃多了不好；會在起風前打電話叮囑我關窗戶，會倒掉我正在喝的咖啡。他說：「林小北，妳要多喝白開水，多吃水果、蔬菜、米飯，這些垃圾食品對妳真的不好，瞧妳這一臉的痘痘，可怎麼嫁出去啊。」

我吐吐舌頭，這都是我媽以前嘮叨的話題，居然從一個男人嘴裡蹦了出來，真是夠滑稽。

我很煩他後來愈來愈多的嘮叨。他又不是我的誰，憑什麼對我的衣食起居樣樣都要管？我心裡只有簡放，沒有地方可以容得下其他男人。

被浸入冷水裡的熱情

第二天去見簡放，我穿了一條純白色的裙子，一塵不染的白。簡放看我的眼神有點異樣，我想，他一定會想起六年前的那個夜晚，我就是穿著這樣一條純白的棉布裙，踮起腳尖，迎接了我人生中的第一個吻。

他紳士地打開車門，讓我坐進副駕。車子朝背離這座城市的方向駛去。我環視車內，副駕有手工織的毛線坐墊，粉紅色的。擋風玻璃不起眼的位置貼著一張他和一個女孩的合影，臉貼著臉，笑得很爛漫。車後面堆放著很多毛絨玩具，所有的擺設都在告訴我：別動，此男有主。

是遠郊的農場，一處幽靜的處所。在包廂裡，簡放站在窗前抽菸，煙霧繚繞。我走過去，從後面環住他的腰，將臉貼在他寬厚的背脊上。他一根一根掰開我的手指，轉身，拍拍沙發，說：「來，聊聊這幾年怎麼過的。」

我只是想要一個狠狠的擁抱，可他居然不肯給我，我想，那就再等等吧，或許六年的時空隔閡足以讓我們之間變得陌生，可是我們曾經相愛過不是嗎？

他說他當初叛逆成性，拒絕跟家人在一起，流浪到這個城市，受過很多苦。他在油膩的小餐廳端過盤子，在天橋上發過傳單，誤入過傳銷組織，逃出來後開始踏踏實實做小生意。有錢了又賭博，被債主追殺時，女友救了他，他才改頭換面有了今天。他呵呵笑著點燃一支菸：「妳看，我的經歷是不是挺跌宕傳奇的？說說妳自己？」

不，不，我不是來聽這個的，他知道這六年我沒有一天不在想著他嗎，我想見他，想得發瘋，那種念頭似陰暗潮溼的角落陡然冒出的苔蘚，瘋狂滋長，無法遏制。

我想聽他說，他還愛我，他還記得那些呼嘯而過的青春。我站起來原地轉了一圈，白色的裙襬轉成一朵妖嬈的花瓣，我問他：「我還美嗎？」

「美。」

「你還愛我嗎？」

他掐掉菸，眼睛直視著我說：「對不起，我不能夠。我不能對不起她。」

他又燃了支香菸。

就像一塊燒得吱吱作響的炭火，猛然被浸入冷水，我的心突然冷得徹骨。他的手機響起來，他走到窗前去接電話。

不知電話那邊說了什麼，他的眉頭蹙起來，說：「我馬上回來。」

然後他為難地指著一桌子菜說：「小北，怎麼辦，她要我陪她參加一個聚會，妳看……」

我仰起頭笑了笑，說：「那就回吧。」

坐在疾馳的車裡返回，我仰著頭，將眼淚逼回眼眶裡。

原來在簡放心裡，我誰也不是。

藏於心中的愛

我打算辭職，一座沒有愛的城市，不值得我留戀。我喊夏南來，做了幾個菜作為對他一直以來的感謝。夏南拒絕動筷子，他說：「林小北，其實妳可以留下來，妳看現在工作也不好找，何苦再去別處折騰呢。」

我執意收拾東西的時候，夏南火了，他氣急敗壞地把我塞進箱子的衣物一件件扔出來，吼我：「不是還有我嗎？天又沒塌下來！林小北，妳怎麼跟個蠢豬一樣！」

我喉嚨哽了一下。

他從包裡掏出一沓鈔票遞給我：「這是我向妳收的房費，還給妳，其實，這房子是我自己的，我當初瞞著妳是怕妳不肯住。」

我怔怔地看著他，心裡有一處堅冰開始慢慢融化。

窗臺上的雛菊開了，一簇簇開得旺盛，白色的花瓣，明黃的花蕊，我將臉埋在一朵雛菊的花瓣上，深深吸了口氣。

夏南在我身後抒情：「我愛著，什麼也不說；我愛著，只我心裡知覺；我珍惜我的祕密，我也珍惜我的痛苦。對了，林小北，這是繆塞的詩，可不是我信口拈來的哈。」

我當然知道，我還上網搜過，知道雛菊的花語是隱藏在心中的愛。

這個從一開始就以兄弟自居的男人，其實早就在用各種細節提醒我，他就是那個會一直等我的人。

歡情一場，涼薄一場

將你送給我吧

門鈴響起的時候，我剛洗過澡，髮梢滴著水，水珠子在脖頸間滾來滾去，有兩三顆沿著鎖骨滾進乳溝，自認為有種溼漉漉的性感。拉開門，莫喬舉著一束包裝精美的雛菊，看見我穿著低胸睡衣，眼神不住地飄向別處。我接過蔫溜溜的雛菊，扔到地上，不快地說：「說好七點你九點來，你必須為你的不守時付出代價，那麼，幫我把漏水的馬桶修好吧！」

沒等他拒絕，我又指著雛菊說：「莫喬，你也看看你送的這花，我要的是鮮花你懂不懂？」

莫喬難為情地咳了一聲，解釋道：「實在不好意思，妳定的這個時間段，我沒辦法買到太新鮮的。」

說著他側過身，從我身邊擠進來，直接走進洗手間。三分鐘後，他衝出來朝我叫嚷：「馬桶好好的啊，妳耍我？」

他惱怒地轉身要走，卻撞上我直勾勾的眼神。

這時我的一根肩帶已經滑落下去，露出半邊酥胸。

我想，應該沒有哪個男人有足夠定力拒絕送上門的豔情。再說據我目測，該男屬於健康硬朗型，七情六慾應屬正常範疇。

莫喬奪門欲出，我擋在門口，問他：「雛菊送了三十天了，你就不膩歪？明天起不要送了，把你送給我得了。」

當我被莫喬攔腰抱起扔在綿軟得不像話的床上時，我總結出一句箴言：「每個男人都有賊心，而有無賊膽則完全取決於女人的暗示。」

窗外，雨稀裡嘩啦下起來。

正值梅雨季節，空氣潮溼得像發了黴，就像我發霉的心。

◆我願意和你在一起

一個月前，唐可發給我的分手簡訊很冷漠：分手吧，我沒做好結婚的準備。

如果他在我身邊，我真想吐一口唾沫在他臉上，順便問他，早幹嘛去了？

可我無能為力，唐可就像炎炎烈日下的一滴水落在滾燙的水泥地上，瞬間蒸發，蹤影皆無。我找遍了他可能去的所有地方，常去的酒吧、主題餐廳、街角的咖啡屋……晚上，拖著筋疲力盡的雙腿我來到死黨蘇安的家裡，我告訴她：「唐可不願意和我結婚，他徹底不要我了。」

我坐在蘇安的沙發上做怨婦狀。我和唐可高中就認識，考進同一所大學後，順理成章從老鄉發展為戀人，畢業兩年後，我們決定裸婚。

當初唐可問我：「桑榆，我沒有豪車，甚至給不了一套屬於我們自己的房子，妳真的願意跟著我？妳要知道，沒有經濟基礎的婚姻是不牢靠的，貧賤夫妻百事哀……」

我用吻堵住了他的嘴，我告訴他，我願意——跟著他住租來的房子，我願意；擠公車去上班，我願意；擠在逼仄的廚房裡用最便宜的蔬菜做美味的飯菜，我願意；沒有鑽石美酒鮮花，我都願意。

只要能夠和他在一起，就是花好月圓。

可現在，唐可居然把我甩在原地，自己大踏步地脫離了舊日軌道，朝著一個我不明瞭的方向逃去。

「我不知道他去了哪裡，蘇安；我很想他，蘇安；我會是他最好的妻子，你說呢，蘇安？」

蘇安點點頭：「當然。可能，唐可覺得只戀愛過一次就把自己交付給婚姻有點草率吧，男人心，其實也是海底針呢。別太難過，桑榆。」蘇安把她家的鑰匙交給我，說她要去趟馬爾地夫，讓我替她照顧她陽臺上的幾盆名貴花草。我答應了，我想，或許蘇安這裡才是我可以療傷的地方。

我要等唐可回來，只要他回來，我想我會不計前嫌地原諒他。

✦穿越城市的雛菊

住進蘇安家裡的第一晚，我百無聊賴地上網。一家名叫「打發時間的帥哥」的網店吸引了我，經營範圍是「出賣時間」，就是買家拍下一天、半天、兩個小時等的銷售方案，然後對方以勞獲酬，完成買家的要求。

我決定每天花兩百五十元透過聊天軟體和對方交易，買他一個小時，要一束雛菊，晚上七點送到。

我沒有太多錢，也不自戀，我就是突然想對自己好一點，想在下班後的疲憊裡，接到一束自己送給自己的鮮花。

蠢女人大抵就是我這個德行，被所愛的男人傷害後，不懂得憤怒，不懂得歇斯底里，不懂得去追去趕，卻優雅地給自己送花，還每天兩百五十元！

我真是夠傻了。然後我認識了網店的主人，莫喬。第一次，當他抱著一束雛菊敲開門時，我抬頭，男人劍眉星目，目光裡含著微笑，那笑，陽光一般，讓我想起了曾經的唐可。

我接過他手裡的花束，遞給他兩百五十元……我想，當他日復一日抱著一束雛菊穿城而過，將雛菊遞到我手裡的時候，他賺了我的錢，或許也暗裡罵我有病吧？哪個女人會孜孜不倦地送花給自己？

我請他進來坐過一小會兒，喝一杯熱咖啡。那天，原本晴朗的天氣，突然下起傾盆暴雨，莫喬是以落湯雞的姿態出現在我面前的，我心下不忍，於是請他進來吹乾衣服。臨走時，他拿起角櫃上蘇安的相框，問我：「她是？」

「我的朋友，姊妹，她現在去馬爾地夫了，房子暫時由我照看。」莫喬「哦」了一聲，眼睛裡滑過一絲難以捉摸的亮光和落寞。他不知道的是，就在六點一刻，我的落寞比他深，我的心比他疼。

✦ 我錯了，一敗塗地

唐可出走的第二十九天，下午六點一刻。

在蘇安的電腦裡，我隨意點選卻發現了本不該被我發現的祕密。那幾張唐可和蘇安的親密合影，宛如一把把利刃，直直向我的心上刺來，將我對他的愛斬得粉碎。我捂著胸口跌落在地板上，痛得無法自抑。

他們是什麼時候開始的？我無從得知。按照照片的拍攝日期來說，當時，我和唐可正在商量結婚的事情，我已經開始採購一些便宜但溫馨的小飾品，打算將那間租來的房子打扮得喜慶一點。那個週末，蘇安陪著我和唐可去逛街，她甚至還以朋友的身分對唐可說：「你一定要對桑榆好哦，如果欺負她，我第一個不答應。」

唐可笑著摟緊了我的肩膀，那時，我的心被對婚姻的憧憬溢得滿滿的，絲毫沒有察覺到他們之間有任何的不妥。

一個是我的熱戀情郎，一個是我最好朋友，他們，怎麼可能？我寧願相信一切全是自己的錯覺，可是，電腦螢幕上的照片，卻將我自以為是的錯覺粉碎得片甲不留。我摸起電話，打給蘇安。

難言的靜默之後，蘇安承認了，她的語氣裡居然沒有絲毫愧疚，她說：「我愛唐可，見到他的第一眼，我就愛上了他。桑榆，妳知道，愛情是不能勉強的。」

然後，我聽見話筒裡傳來唐可的聲音，他在喊蘇安：「親愛的，到這邊來……」

我摔了電話。

我不想再對唐可做任何的質問，直到此時我才明白，他在我們準備結婚的當口離開，不是因為他沒做好結婚的準備，而是，他根本就不希望娶一個對他的前途沒有任何輔佐之力的我。

而蘇安呢，她家世顯赫，父親是商場大亨，如果唐可娶了她，轉身就會與奮鬥、蝸居、困窘告別，事業也會以最快的速度達到他一直想要的層次。

我為自己感到深深的悲哀。我愛唐可，愛了他整整六年，那時，我們都還年輕，不懂得人生。我們一定要哭著鬧著，把自己的所有，都全部奉獻給我們以為的愛；帶著必須經歷的磨練，才能到達我們各自的愛情天堂、婚姻天堂。

我曾那麼相信他，他所承諾的現世安穩就像一株開滿了潔白梔子花的樹，牢牢地在我的心裡扎根，只是想想，就有大片的芬芳跌宕起伏。

可我錯了，錯得一敗塗地。

唐可，就像一根柔軟的刺，植入我的心臟，讓我難以拔掉，拔掉，必定鮮血淋漓。

狗血劇情

拍下莫喬的第三十天，他遲到了，那束不新鮮的雛菊讓我陡然想放縱一回自己。我只想要一場 one-night stand。

激情跌宕的時刻，我問莫喬：「你愛我嗎？」

莫喬一邊在我身上驍勇作戰，一邊回答我：「愛。」

我撲哧笑了，心裡疼得更厲害了。我不是小女孩了，經歷了唐可的背叛，我更加相信男人說愛的時候，就是說謊。

毋庸置疑，莫喬的回答雖然情感上讓我得到了滿足，可是理論上，他是錯的，玩一夜情的男女之間哪有資格對愛情品頭論足？

可是接下來，我被莫喬嚇到了。那時，我們剛剛結束了一場男歡女愛，他燃了一支菸，在青色的煙霧繚繞中，他開口道：「妳知道嗎桑榆，蘇安其實是我的女友，幾個月前她突然與我中斷了所有聯繫，說她需要一場天雷地火的愛情，而我給她的不是。」

我驚詫極了。

在莫喬的述說中，我終於明白，他之所以開了那家網店，就是幻想著有朝一日，能夠與蘇安偶遇，他忘不了她。

這世道真的充滿了狗血。我纏上莫喬的身子，突然想惡作劇一把，我對他說：「我想要很多很多錢，想要很多很多愛，想和你廝守，一粥一飯，美不勝收。你有五十萬嗎？如果你能給我五十萬，我嫁給你。不急，你可以想好再回答我。」

莫喬離開時，吻了我的額頭，緊緊擁抱了我。我甚至以為，只要他真的能拿來五十萬，就說明他是愛我的，當然，錢我不會要，我只是想試試他。

都說試女人可以用金錢，試男人可以用女人，我偏要反著來。從那天起，我不再訂雛菊了，我決定告別過去的自己。

直到我想聯繫莫喬的時候才發現，我沒有他的電話，而他的網店，也在幾天前就已關閉。

他不愛我，就像我從來沒有愛過他一樣。一場歡情一場涼薄，從肉慾的夢魘裡醒來，我依然惦念當初那純白如一張紙的唐可。

◆ 雛菊花語

我將鑰匙留在蘇安的家裡，然後果斷地拉上門離開。

一個月後，滿臉愧疚的唐可和一臉平靜的我站在人潮人海中。他一個人從馬爾地夫回來，而蘇安，又有了新的男友。

他說：「對不起，桑榆，我還愛妳，妳能原諒我嗎？我們從頭再來。」

我笑了，笑得肆無忌憚，笑得眼淚都流了下來。這個男人，居然還在說對不起。他不知道，這個世界上最殘忍的一句話，不是對不起，也不是我恨你，而是，我們再也回不去。

雛菊的花語是隱藏在心中的愛。

就像繆塞的詩裡寫的：我愛著，什麼也不說；我愛著，只我心裡知覺；我珍惜我的祕密，我也珍惜我的痛苦。

我想，我還是愛他的吧，可惜這樣的愛，我想永久封藏，獨自品嘗。

涼涼時光

童年散落的槐花

那時，老槐樹的枝椏上，正冒出一簇一簇的新綠，佳怡和幾個女孩子在樹下嘰嘰喳喳地跳橡皮筋，跳得最來勁時，一輛吉普車「嘎」一聲停在了她面前。

是隔壁的楚叔叔，他在大都市工作，聽說做了大官，他的身後，跟著怯怯的楚曉天。楚叔叔下午就開車回了省城，楚曉天從此和奶奶住。佳怡她們再跳橡皮筋時，楚曉天就會坐在老槐樹下的石凳上遠遠看過來，很孤單的樣子。

夏季總是多雨，弄堂裡的雨水會潺潺地流成一條小河，佳怡和楚曉天頭頂著頭，趴在石凳上摺出一隻又一隻白紙船，冒著劈里啪啦的雨點放在水裡，看它們排著隊，悠悠盪遠，盪出弄堂。

楚曉天在紙船標上記號，當放走最後一隻標號「195」的紙船之後，他們的年齡已經不再適宜疊紙船。

和所有懵懂的少男少女一樣，佳怡和楚曉天漸漸疏離。不過，她還是會在做作業的間隙，支起耳朵聆聽隔壁的動靜。有時，奶奶會喊楚曉天吃飯，當聽到他青春期變得粗重的嗓音嗡嗡地回一聲「來了」，就有一朵小小的花兒在她心底綻開了。

又是一年春天，佳怡走到弄堂口的時候，會在大槐樹下站一小會兒，歪著腦袋回憶童年的那些美好，回憶起有一次，楚曉天不住嘴地喊她「胖妞，胖妞」，她嗔怒著去追趕他，他三兩下就爬上了樹，在掛滿槐花的枝椏間衝她嘎嘎笑。

那一年的槐花香散落在她整個童年的光陰中。

眼前又是槐花飄香時，佳怡驚覺，楚曉天已經是一個翩翩少年，T恤、牛仔褲，說話斯文，很標準的優等生。她亦知曉，每次晚自習後，楚曉天都會默默地跟在她後面，保持十幾公尺的距離，她進門後，他才進門。從學校到家要穿過好幾條弄堂，黑燈瞎火的，有了楚曉天，佳怡不害怕。

表面上，還是疏離著，像少男少女習慣的姿勢。

◆傷痕永不磨滅

出事那天正值四月，滿弄堂飄蕩著槐花的清香。

下了晚自習，讀高三的佳怡沒等來楚曉天，只好硬著頭皮一個人鑽進黑暗的弄堂，走著走著，路上就剩下了她一個人。那個黑影用一塊布塞住了她的嘴巴，她想喊救命卻徒勞，她手腳並用拚死抵抗，直到最後昏厥過去，當椎心的疼痛從身體裡襲來時，她的心碎成了千萬塊冰碴。

那晚，成了她一生邁不過去的坎。

她跟蹌著回到家，母親看見她被撕爛的衣服和她恍惚不定的表情，正追問時，隔壁奶奶來借退燒藥，說是楚曉天發燒了。

她「哇」一聲哭了出來，母親聞聽她被凌辱的噩耗，當即昏了過去。

睡了三天，再去學校時，謠言已經像風暴一樣席捲了整個校園，她走在街上，隨處有人在背後指點著，有人不屑，更多的是同情。

她沒法不去學校，也不能輕生，失去她，父母會瘋掉。她將心底的傷口用力縫起來，像個機器人一樣撲到漫天飛舞的書山題海裡，想著考上大學，離開這裡，永遠離開。

直到那天，她被早已退學的阿東截住，他叼著菸捲，流裡流氣地說：「薛佳怡，妳還傲氣嗎？老子就看不慣妳傲氣的勁，那晚的感覺還好吧？」

阿東曾向她求過愛，被她冷冷拒絕了，她忽然明白他就是那個十惡不赦的壞蛋。暈黃的街燈下，她的心底脆生生裂開了一個幽深的洞，汩汩地朝外冒著仇恨，冒著洗不清的屈辱。她真想撲上去殺了那個痞子。

一愣神，斜刺裡竄出一個矯健的身影，是楚曉天，他一拳揮上去，砸在阿東鼻梁上。那麼瘦削的他，和身強力壯的阿東在地上翻滾著，他死死地掐住阿東的脖子，像要往死裡掐他，還是學校的保安衝了出來，才制止了他。

她和他一起走在弄堂裡，他低聲地說：「對不起，那晚要不是我發燒，妳就不會出事。」

佳怡壓抑了好久的眼淚頃刻決堤而下，他輕輕攬住她，伸出滿是血汙的手幫她拭去眼淚。走到老槐樹下，楚曉天冷不防擁抱了她，很用力，很用力，他帶著薄荷味的氣息淺淺噴在她的耳畔，清風一般迷人。他在黑夜裡捕捉到她涼涼的唇，覆蓋上來，吻了她。

她真想沉醉在那個美好的初吻裡，不醒，永遠不。

他的眼睛在黑暗裡灼灼地盯牢她：「我們考同一所大學。一定。」

他伸出右手小指，勾了她的。

丟了的心

楚曉天考上了北京的大學，佳怡卻出乎所有人的意料落榜了。她是故意的，只有她自己知道。

日子乾坤倒置，佳怡每日裡像失了魂，拿起空水壺往杯子裡倒水，一碗飯吃了一個小時還未動幾口，黃昏時，會獨自傻傻地站在老槐樹下面，良久，默默回家翻身就睡。

她想哭，但面對隔壁奶奶的問詢，卻淡然笑了，她問：「曉天快要走了吧？」

她知道的，所有的一切，都是因為他要走了。她和他小學形影不離，中學若即若離，他們隔著一堵牆，相處了九年的光陰，如今，光陰卻似一隻巨大的手，說翻過去就翻過去了，他要去一個沒有她的城市。

瓢潑大雨說下就下，她呆呆地站在門廳裡看弄堂裡雨水愈來愈密集，後來，積水蜿蜒匯聚成了一條小河。正在出神，楚曉天趟著雨水走過來，他變戲法一樣，手指翻舞著，折出了幾隻漂亮的烏篷船。他冒著雨跑到弄堂中間，將三隻烏篷船放在水面上，當他從兜裡掏最後一隻的時候，佳怡失聲喊道：「不要！」

楚曉天抬頭，她看見了聚在他眼眶裡的淚花，心狠狠地一疼。她像小孩子一樣討了那隻紙船，很隆重地將它藏進自己的百寶箱。

佳怡沒再復讀，每日裡扛著父母的憂傷和嘆息，去一家紙箱廠打工。後來，認識了和她在同一工廠的男子，男子生性木訥，卻待人實誠，他結結巴巴向她表白，說要給她一場堅實的婚姻時，她再一次逃了，離開了紙箱廠，連半個月的薪資都沒拿，決然踏上了長途巴士。

她愛不起，他那麼淳厚，理應擁有一個潔淨的婚姻。她在顛簸的長途公車上迎風流淚，控訴命運的不公，為什麼要讓她如此低賤？

失了心的她，輾轉打工，各式各樣的，送外賣，端盤子，或者替人發傳單。只有每時每刻地忙碌著，才能打壓住一些蓬勃瘋長的念頭。

自以為是的愛

熙熙攘攘的東大街，她站在七月流火下，一張一張地往行人手裡塞手機賣場的傳單，抬眼之間，那麼巧，看見了楚曉天。他依然瘦削，卻更成熟了，眉宇間依稀可見一絲憂鬱。

他搶過她手裡剩餘的傳單，和她一起站在人潮中。發完傳單，他固執地請她吃哈根達斯，當她吃著他為她點的紅粉佳人時，那甜美的滋味讓她哽咽。她怎能不知道，自己一直固執地留在這裡，就是因為楚曉天家在這裡，她祈盼著，又害怕著有朝一日忽然與他相逢。

吃完冰淇淋，楚曉天握著她的手說：「我一直在等妳，請妳再等我一年，容我畢業，就一年。」

他把他的手機號碼抄在一張便籤上給她，分開後，她轉身就撕碎了那張紙，她不想給自己留一點點關於楚曉天的念想，她那麼髒，根本不能與他的美好匹配，他是她的愛，但她卻要忍痛割愛。

隔了兩天，她還在發傳單，她知道楚曉天出發前一定會來找她。

他果然來了。

她微笑著把身邊流裡流氣的男子介紹給他，輕聲說：「我男朋友。」

她將頭幸福地靠在男子肩膀，男子偏過頭在她臉上親了一口。那一刻，她清晰捕捉到了楚曉天眼睛裡的傷感、憤怒。

直到他消失在茫茫人海中，她才醒過神來，掏出兩百五十元給了臨時拉來做男朋友的男子。

街上人來人往，佳怡慢慢蹲下身去，捂住胸口哭了，心裡有疼痛一下一下地鞭打過來。

還是錯過

幾年後，佳怡在飯店做服務生，那天豔陽高照，有一對新人在飯店結婚。快正午時，新郎新娘從花車上款款走下，站在門口迎賓，正在桌椅間忙著擺放點心的佳怡，無意間朝新人看了一眼，心臟突然就停止了跳動。

是一種瀕臨死亡的感覺。

楚曉天和新娘當真是一對璧人，新娘有點胖，身材頗像自己。佳怡內心低呼一聲，急忙向領班請了病假。回到出租屋，悲傷便鋪天蓋地，她想，到底是誰把誰弄丟了？

哭完，她拿起枕邊的百寶箱，顫抖著打開，裡面全是小時候的舊物件，楚曉天給的玻璃彈珠，楚曉天自制的彈弓，楚曉天給的一個粉紅髮飾，當然，還有十九歲那年，楚曉天為她疊的最後一隻白紙船。她哭著，順著紙船摺疊的痕跡一一拆開，幾個蒼勁的鋼筆字躍然紙上：胖妞，我喜歡妳，199。

她的眼淚飛濺著，落在那幾個淡藍的字上，這是他折的第199只紙船，粗心如她，一再忽略了他每一次在紙船上偷偷寫的字。

窗外月華如練，她抱著膝，依稀記起少年楚曉天明眸皓齒、瘦弱的樣子；記起他攬她入懷，用血汗的手為她擦拭眼淚；記起他在開滿潔白槐花的枝椏上嘎嘎地朝她笑。可是，時光的巨手翻弄淺淺離人影，佳怡知道，自己終究是回不去了。

時光那麼涼，她終究錯過了他。

藍調中的愛情音符

◆重逢

流火七月，小米帶遊客來浮橋遊玩。

浮橋由幾十艘廢舊的大輪船綴在一起而成，浩浩蕩蕩橫跨黃河。站在浮橋上，放眼南北，黃河水波濤洶湧，煞是壯觀。

一艘氣墊船急速駛來，激起了一片清冽水花。小米朝開氣墊船的師傅脆生生地喊：「你好！」

男人抬頭的瞬間，兩個人同時怔住。羅昊抬手揉了揉眼睛，眼前，小米穿一身白色運動短裙，頭戴白色遮陽帽，猶如一朵開得剛剛好的荷，驚豔、脫俗。

小米也沒想到她做導遊第一次回故鄉，就遇到了羅昊。

羅昊載上他們向南開去。呼呼風聲裡，小米趴在羅昊耳邊喊：「你怎麼做這個了？」羅昊聚精會神地掌著舵，大聲回答：「我喜歡這裡！」

二十分鐘的漂流，沿途美景如畫，遠處裊裊青煙裹山，近處黃河水低聲嗚咽，遊客們大呼小叫地感嘆著大自然的鬼斧神工，小米卻無暇觀景。

她承認，這麼多年，她對他的喜歡從未更改，只是，她真的一直都以為，他早已不屬於這個地方。

正午的陽光明晃晃的刺眼，漂流結束後小米踏上浮橋，趴在鏽跡斑斑的欄杆上，看著羅昊起航，駕船駛向遠處，愈來愈遠，融入遠處的黛色青山深處。

臨別前，她試探著吐出一句：「我想留下來。」

羅昊的眼睛裡閃過一抹亮光，卻轉瞬即逝，堅定制止她：「胡說，這個破地方不是妳待的。」

曾經

幾天後，小米趁休假去了羅昊家裡，趙姨拉著小米的手，眼睛笑成了兩條線。她遲疑地問趙姨：「羅昊結婚了嗎？」

趙姨嘆了口氣：「沒。哪家姑娘他也瞧不上。」

小米這才知道，自己離開的那年夏天，羅昊患了一場急病導致沒能參加考試。

很多年前，小米剪一頭短碎髮，像個假小子。她小羅昊兩歲，每當羅昊帶領著一幫男孩子下塘摸魚，上樹摘野果子，去游泳，小米總是死乞白賴地要跟，羅昊總是惡狠狠地喝斥她：「丫頭，再跟我把妳扔到水裡餵魚！」

餵魚，小米才不怕呢，她就是要處處跟著他。女孩子早熟，小米心裡悄悄埋下一顆花種，她希望有朝一日，那顆種子破土、發芽、長出嫩綠的葉子，枝繁葉茂，開一樹叫做愛情的花。後來才知，那是奢望。

時光在成長的季節裡一晃而過。

高一下學期，小米聽說羅昊跟他班上一個女孩子好了，為了求證，她跟蹤他。那天，小米看見羅昊牽著那個叫美瀾的女孩的手，美瀾咯咯的笑聲銀鈴般，刺痛了她的耳膜。

她的心一沉，再一沉。

父親決定搬家的消息令小米振奮而憂傷，臨走前夜，月亮隱在雲層裡露出半張臉，院落牆角的蛐蛐此起彼伏地叫著。隔牆飄過來一陣悅耳的口琴聲，她聽著聽著就流淚了。

她鼓了很大的勇氣，抄了一句古詩詞去請教羅昊，她指著那七個字問他：「『只緣感君一回顧』的下一句是什麼？」

看著燈下羅昊逸秀的臉龐，她心跳如鼓。

羅昊撓了撓頭：「不知道呢。」

她鼻翼酸楚了一下，卻笑著掏出一把嶄新的布魯斯口琴遞給他：「我明天就要離開了，這個送給你。」

說完，放下布魯斯口琴，她飛速轉身跑回家。那天她整晚失眠，胸腔裡充斥了一大把的憂傷、落寞、遺憾，各種感覺夾雜在一起，讓她難過得想哭卻哭不出來。

心思

小米隔三岔五地出門引起了老媽的猜疑。問她，她撒了謊：「工作啊，最近遊客多。」

老媽嘀咕道：「多和佑安在一起，別把婚事攪黃了，到頭來把自己折騰成剩女。」

小米最煩老媽總提覃佑安，索性用沉默表示抗議。

這天，羅昊駕船載遊客去漂流，小米脫掉鞋，光腳跑到沙灘上，踩在溼沙地上等羅昊。手機響起，是覃佑安，小米使勁按下了關機鍵，那個人，她終究不喜歡。

羅昊收工已是傍晚，彩霞燒紅了半邊天，他掏出口琴，對著一片蒼茫的黃河水嗚嗚咽咽地吹了起來。小米看見，他手裡的口琴正是當年自己送他的布魯斯口琴，只是曲子裡隱藏著層層疊疊的悲傷。一曲結束，小米講了個故事：「兩個人在海邊玩，海浪來了，捲走了一個人，那個人叫小米，沒被捲走的叫什麼？」

羅昊哈哈大笑：「太弱智的問題，當然叫羅昊嘍，最後他也被捲走了。」

「不對，好好想想。再講一個，有兩個人在井邊玩，一個掉進井裡，掉進去的那個人叫小米，沒掉進去的叫什麼？」

羅昊又笑：「當然還叫羅昊，最後他自己也跳了進去。」

笑完了，看著一臉意味深長的小米，羅昊才驚覺，他無意中洩露了自己對小米的感情，他的回答暴露出他內心最真實的想法：他願意與小米一起掉進井裡，或者與小米一起被海浪捲走。

他何嘗不懂小米的心思？這些天，她不管接沒接旅遊團，總是隔幾天回一趟這裡，他的心，就像一隻細瓷的花瓶，突然裂開細小裂紋，有種綿綿密密的疼痛，又似乎有一根無形的細鐵絲纏繞在脖頸，讓他呼吸困難。

絕情

羅昊仰躺在船艙裡百無聊賴地等遊客，肩膀突然被人拍了一下。是美瀾，風情萬種的美瀾語氣裡滿是不屑：「你做什麼不好要當個船伕？」

美瀾的手臂挎在一個陌生男人的臂彎裡，她向他介紹：「我男朋友，海歸博士。」

美瀾拉男友上了船，羅昊猶豫了幾秒鐘，眼前電光石火地浮現出過去的碎片，回憶裡，他和美瀾牽著手走在放學的路上，當然，他記得最清楚的，是小米看見他和美瀾時，那幽怨而憤慨的眼神。

美瀾當年說過，她要和他考同樣的大學，因為她喜歡他，他們的愛情應該在更為廣闊的天地裡繼續，但，羅昊沒有回答。

事實卻是，他連走進考場的機會都沒有。那場病，讓他的夢想變成了五彩斑斕的肥皂泡，虛幻而不真實。

羅昊一言不發地起錨，駕船漂進河流深處。返程中，美瀾和男友在船頭嬉戲，氣墊船猛然一個趔趄，海歸男「撲通」掉進了水裡，不識水性的海歸男手忙腳亂地在水裡撲騰呼救，美瀾聲嘶力竭地衝羅昊喊：「快救他，快呀！」

羅昊二話沒說跳進水裡救人，海歸男獲救，羅昊卻碰到水下的岩石受傷了。

傷好後的羅昊落下小殘疾，左腿稍微有一點跛。能上班的時候才恍悟，很久沒見到小米了。

兩個月後，小米興沖沖地來了，當時，主管考慮到他的腿行走不方便，安排他在售票處負責售票。

小米鑽進售票的小屋，羅昊正對著口琴發愣。她眼神熾烈地看著他：「我又和男友分了，我嫁不出去了，要不，我還是嫁給你吧？」

羅昊漠然地看著她，那眼神，糾結得厲害。

他禮貌地對她說：「我要結婚了，對方是個小學教師，婚期已經定了下來。」

他說的是實話，那個女人不漂亮，臉上有雀斑，重要的是，她不嫌棄他的腿。媒人來家裡說媒時，趙姨還沒點頭，羅昊就一口答應。

小米的心，硬生生地洞開了一道口子，她早就知道，從很小，他就一直游離在她的世界之外，他從沒給過她想要的愛，命中注定，她埋藏了很多年的花種，發了芽，卻未及枝繁葉茂，已然枯萎敗落。小米踉蹌著離開，頭都沒回。

割捨

羅昊遙望著小米的背影，悲傷轟鳴，她可知道，他一直一直，把對她的喜歡強壓在心底？

小米一家離開前，小米的媽媽曾經找過他。她告訴羅昊，他們要搬家了，如果他真對小米好，就應該讓她斷了對他的心思。

羅昊明白。

直到那時，他才驚覺他已經喜歡了小米那麼久，小時候他喜歡她當自己的跟屁蟲，少年時他喜歡看她明亮的笑容，後來，他喜歡她來找他幫忙解那些枯燥的數學難題……

但，他必須遠離她。他故意讓小米發現他和美瀾手牽手走路，雖然他並不喜歡美瀾；他故意讓她生氣……他只想讓她走得果斷些。

小米出現的那天，他是驚喜的，但是驚喜很快被理智替代，他能給她什麼？讓她陪自己待在這個他做夢都想逃離的地方？那對她不公平。

受傷後，他再次警醒，他不能自私到用自己的殘缺去拼裝小米完美的生活，他願意忍痛割捨，因為放手才是對愛最盛大的成全。他想起小米當年離開時問過他：「『只緣感君一回顧』的下一句是什麼？」

其實，他知道，答案是：「使我思君朝與暮。」

他又想起那天在岸邊，小米問他：「兩個人在海邊玩，海浪來了，捲走了一個人，那個人叫小米，沒被捲走的叫什麼？」

他想，應該是叫「救命」，而不是叫羅昊。

她又問：「兩個人在井邊玩，一個掉進井裡，掉進去的那個人叫小米，沒掉進去的叫什麼？」

他想，還是應該叫「救命」，而不是叫羅昊。

他在心裡告訴小米：「傻丫頭，沒被捲走的，沒掉進井裡的，都叫『救命』。」

讓她有明亮的戀情、美好的生活，是他唯一能為她做的。他離開她，就是救了她。

外面陽光炙烤著大地，遠處搖搖晃晃的橋橫跨河面，只是，橋面上，再沒有那個穿著白色運動短裙、頭戴白色遮陽帽的女孩子巧笑嫣然。

他默默地掏出布魯斯口琴，卻吹不出一支完整的曲子。

兩隻素貓的戀愛

✦素貓相親記

左小米相親的第一天就把自己雷得外焦裡嫩。

透過咖啡館的落地玻璃窗，左小米看見一排三個座位上分別坐著一個男人，人手一本週刊。她原本想錯開時間跟這三個男士每人約會10分鐘，沒想到塞車堵得全擠到一起了，這可如何是好？急忙向林翰翰打求助電話，那邊說火速趕到。

在林翰翰眼裡，左小米是隻不可理喻的素貓，你見過不沾葷腥的貓嗎？左小米就是。不過，左小米認為林翰翰更是隻資深男素貓，三十而立的人了，居然對男女之事也愛答不理的。

說來悲慘，既漂亮又有品的她當初是懶得結婚，後來姊妹們相繼結婚，才有了被剩下的恐慌感。可女人有個通病，過了三十還沒嫁，心裡就會發毛。最近，左小米就時常心裡發毛，老媽在電話裡威脅她再不帶男友，就不要回家。所以雖然嘴上仍舊硬著，但是行動上開始積極起來，居然參加了網路相親。

林翰翰半天不來，實在沒轍，左小米鑽進自己的半舊汽車，再出來時，宛然一個孕婦，雙手扶腰，滾圓的肚子還蠻像回事兒。

三個男人的視線齊刷刷聚焦在左小米肚子上，戴眼鏡的男人擰著脖子喊：「妳都懷孕了還相什麼親啊，這不坑人嗎？」引來無數側目。

「哪條法律規定了懷孕就不能相親？」左小米的伶牙俐齒令眼鏡男落荒而逃。

第二位的樣子，頗有被天上掉下的餡餅砸到的感覺：「嫁給我吧？」

左小米嚇壞了，難道這人是搞社會救助的？正想著，一旁沉默的第三位已經悄悄溜走。

男人啜口咖啡：「實不相瞞，我不育，妳看，妳嫁給我我得省多少事啊？」

左小米一口咖啡噗地噴出來，她將手伸進寬大的長T恤裡，拿出靠墊，不育男看得眼睛都直了，憤憤然：「妳這不坑人嗎？」

左小米差點笑抽，兩個相親對象都對她用了「坑人」兩字，這說明她真是不受人待見啊。出門向匆匆趕來的林翰翰描繪剛才的場景，林翰翰回她三個字：「深井冰。」

✦ 生日不快樂

三十歲生日那天，左小米約林翰翰一起喝酒慶生。林翰翰之前曾問過她想要什麼生日禮物，左小米想了半天，說：「你把我在網上選的一件裙子付了吧？不貴，才1,990。誰讓你是我兄弟呢？」林翰翰欣然領命。

晚上兩人喝得正酣，左小米一抬頭，就愣怔了。嘈雜的人堆裡，那個穿著考究的潮男不是徐良嗎？一口濁氣頓時從胸口升騰起來，世界真小啊，她曾以為這輩子都不會與他再見面，沒想到還是見了。

「撤！」左小米拽著林翰翰就要走，轉身被徐良堵住去路，徐良深情地注視著左小米，彷彿旁邊的人和物都變成了布景一一後退。

「妳，還好嗎？」徐良噴著酒氣，左小米捂著鼻子後退三步。

「還健在。」左小米看向左前方，強忍著就要滾落的淚水。這個男人，曾信誓旦旦地發誓，這輩子非她不娶，可是發過誓沒幾天就畢業，就玩失蹤。左小米承認，自己患「恐婚症」，相當程度上歸結於自己的心結，徐良把自己的心傷透了，她再也不敢對男人抱有奢望。

左小米跑得太快扭傷了腳踝，一瘸一拐地拉著林翰翰跑到廣場，停下後氣喘吁吁地衝林翰翰說：「兄弟，你好歹也把我送回家背上樓啊，別見死不救。」

林翰翰不知自己造了什麼孽，遇見這個做事不可靠的左小米。他們雖然是校友，但是若沒進同一家公司，誰認識誰啊？

沒辦法，認栽吧。林翰翰伸手攔車。

坐進計程車，左小米疼得眼淚滾下來，林翰翰伸手替她擦去眼淚，左小米撲哧一聲笑了，衝計程車司機說：「師傅，你看我和男朋友有夫妻相嗎？只要我調查到的一百個人裡一多半回答有，我就嫁他了。」

司機師傅從反光鏡裡看了他們一眼，笑呵呵地說：「蠻有夫妻相的，嘿嘿。」

左小米衝林翰翰調皮地吐了下舌頭。林翰翰心裡卻敲起邊鼓，什麼時候又杜撰出調查夫妻相這一出？

林翰翰背著左小米拾級而上，左小米溫熱的身體貼在他後背上，輕微的鼻息軟軟地撲在他的脖頸，令他渾身都在微微顫抖。

左小米看著眼前這個男人低頭替自己抹藥，本想說感謝，出口卻變成了：「兄弟，我要是嫁不出去可怎麼辦？」

林翰翰落荒而逃。

✦夢想已經漲價

徐良開始採取俗氣的鮮花攻勢。不知道他從哪裡弄到了左小米的公司地址，反正，公司所有同事都對「齊天大剩」左小米刮目相看。可是左小米拿到花，眉頭不皺一下就扔進了垃圾桶。

有人替徐良不值，左小米去洗手間，聽到女同事正在八卦自己：「左小米該不是有病吧？高富帥都看不上？」

左小米冷不丁冒出來，嚇得那倆同事同時噤聲。她拍拍 Amelie 的肩膀：「那人有錢，可我對他不來電啊，妳要是不嫌棄就去搞定他，也算替我解圍。」

沒幾天，公司裡就瘋傳左小米真是有病的傳說。你想，一個三十歲的剩女，居然對送上門的帥哥都不感冒，這不正常嘛。

徐良終於沉不住氣，在大廈外面攔住左小米：「小米，我想和妳談談。」

「談什麼？」左小米嚼著口香糖，很不屑的樣子。

「妳看，妳單身，我未娶，我們在一起吧？」徐良背後的黑色荒原路華差點亮瞎了眾人的眼睛，可是神經大條的左小米居然一把摟過路過的林翰翰，衝徐良聳聳肩：「唉，你要是早出現就好了，我已經名花有主了，不然跟著你多風光啊。唉，真是沒那好命耶。」

林翰翰想一把甩開左小米，可平時柔弱無力的女孩居然力大出奇，像八爪魚一樣附在他手臂上，令林翰翰頓時汗水狂湧，感覺自己的五臟六腑都被左小米的這句話攪亂了。他第一次認真地看了眼左小米，覺得這個不可靠的女人其實蠻可愛的，至少，她勇於拒絕高富帥。

圍觀的同事愈來愈多，林翰翰儘管對左小米和徐良的故事不了解，但看徐良那架勢，是很愛很愛左小米的。他索性不再掙扎，任憑左小米抓住自己，聽左小米和徐良來了段精采的辯駁。

徐良撣了撣身上的亞曼尼，誠懇地當眾示愛：「小米，妳不是有夢想嗎，何苦把青春浪費在這個不起眼的小公司裡？我現在有錢了，可以幫妳實現夢想。」

左小米哼了一聲：「我的夢想已經漲價了，白菜都漲價了，憑什麼夢想要比白菜廉價？」

徐良繼續攻心：「我還愛著妳！」

同事中間傳來一片噓聲，大家都被這個痴心男感動了。

「愛？你已經把我給你的愛刷爆了，愛不可以無條件透支。再說，你這算是求婚嗎？你有做預算嗎？預算多大？有做風險評估嗎？有做收益回報嗎？」

徐良被左小米一連串的問句噎住了，半天回不過神。在眾人竊竊私語中，左小米挽起林翰翰的手臂揚長而去。

✦ 愛情方案，請付款

林翰翰氣急敗壞地甩開左小米。他的心怦怦亂跳，因為他聽到她拒絕高富帥居然那麼不留餘地，他的手臂又酥又麻，剛剛被她抓過的地方還留下了掐痕。他的耳根在發燒，因為她剛才分明說他是她的男友。

他問左小米：「那個男人對妳死心塌地的，妳幹嘛不從了他？」

「你管得著？」左小米的眼神像兩把小刀子一樣嗖嗖射過來，她的眼睛裡痴纏著一種令他無法招架的火辣。他藉口有事拔腿就走。坐進計程車，林翰翰看見左小米仍舊保持著他離開時的樣子，寂寥地站在陽光下，他突然覺得自己有點畏縮。其實就是一個傻子也看得出來左小米喜歡他，可是林翰翰自認為自己沒資格得到一個這麼好的女孩子的愛。

他一沒錢二沒房三沒車，他拿什麼給婚姻一份承諾？

他不敢相信，也沒有勇氣裸婚。還是做一隻資深男素貓比較自在。

第二天左小米沒來上班，整整一天林翰翰心裡像被貓抓一樣的難受，悄悄問 Amelie，才知道人家休年假了。居然連個招呼都沒打！林翰翰心懷怨氣地打開信箱，信箱裡躺著一封郵件，主題是「女追男，隔層紗」。

「男素貓，你想明白沒有？我就是那個會陪你把路邊攤吃到最後的女人，我不求你有房有車，只要你有一顆愛我的心。今天我向你求婚，娶我好嗎？我已經拍了去三亞的旅遊方案，請你為我代付一下，我們一起去天涯海角見證我們的愛情！」

林翰翰的心裡彷彿有千萬朵花兒齊齊開放，他手指顫抖著打開左小米傳的連結，發現旅遊方案裡居然包括拍一套漂亮的婚紗照！

嘿，這女人還是挺靦腆的嘛，就連撒嬌都與眾不同。不過，自己也真夠慫的，居然要女人來倒追！

林翰翰撒腿衝出大廈的那一刻，嘴巴張成了O型，只見左小米穿著他在網上買給她的那條碎花長裙，深情款款地看著他，腳下放著大紅色的旅行箱。

素貓左小米歪著頭，打量了林翰翰幾秒，冒出來一句：「不太帥哦。化化妝還湊合吧，將就了！」

第二輯

愛與不愛，都是一場刀光劍影

你若是那含淚的射手，我就是那一隻，
決心不再躲閃的白鳥。只等那羽箭破空而來，
射入我早已碎裂的胸懷……

飲下愛的毒水

◆物是人非

她站在斑駁的陽光下，瞇著眼看著對面的他。

他依舊魁梧，依舊英俊，只是歲月為他浸染了一層隱隱的風霜，一種熟男氣息撲面而來。她想伸手去拂開他落在額前的一縷頭髮，卻發現自己除了心臟在毫無章法地跳動，四肢根本動不了。

她有點緊張，雙腳像栽進水泥地裡，緊張得全身都在戰慄。畢竟，他們有十五年沒見面了。十五年，人的一生能有多少個十五年，歲月的車輪轟隆隆碾過去，物是人非事事休，可她發現，自己還是深愛著他。

所以她來了，以飛蛾撲火的姿勢，來到他的城市。兩小時前，她打電話給他，說：「我來看你了。」

他哈哈大笑：「在哪兒？」

她說出了廣場的名字，這個城市的代表。他起先以為她開玩笑，後來語氣變得猶疑不定，再後來，他說：「妳等我，忙完手頭的事情我就過去。」

等待的時間一分一秒都很漫長，漫長得令她的心都在一縮一縮地疼。

坐在廣場邊，她想起了一些過去的片段，她訝異於自己竟然能夠清晰回憶起與他在一起的所有細枝末節。

情竇初開

十五年前，她十八，他十九，考前的生活疲倦而忙碌，晚熟的她和他從漫天飛舞的試卷中抬起頭，眼神交纏在一起，他輕輕地把她的手握在掌心，就在那一刻，她認定，此生非他莫屬。

從不撒謊的她學會對父母撒謊，只為赴他一次又一次的約會。他牽她的手走過早春的田埂，略顯清冷的風撫亂了她情竇初開的心。

第一次擁抱，月光清涼如水，他張開雙臂用力環抱她，太用力了，她甚至聽得見骨骼啪啪斷裂的聲音。

第一次接吻，他的嘴唇從她的耳垂滑過來，逡巡在她的唇邊，終於顫抖著捉住她的，一點點試探，一點點深入，然後捲住，柔情繾綣。她這才知道，原來接吻會讓人眩暈、窒息，會讓人突然想死掉，死在他的懷裡。

這就是天荒地老了吧。她想。

第一次，他解開她的鈕扣，當她飽滿的胸部裸露在他眼前時，她看到了他眼睛裡的疼惜，他埋下頭，用嘴唇噙住她嬌嫩的蓓蕾。他喊她，寶寶。

星星之火以不可阻擋之勢燎原，他帶她去了他的宿舍。他們手忙腳亂地剝掉對方衣服，他看著她，她也看著他，他將她撲倒，卻始終不得要領。就在他滿頭大汗的時候，門被突然撞開，門外是一雙雙鄙夷、幸災樂禍的眼睛。

她奪門而逃。

那時，他們的成績雙雙下滑得厲害。沒幾天，在鋪天蓋地的流言蜚語中，他說，他要走。臨走前交給她一隻護身符，是用他上衣的第三顆鈕扣做的，銅鈕扣，他小心地穿了一個洞，用紅絲線掛起來，他說：「戴著它，它會替我保佑妳。」

第三顆鈕扣，離他的心臟最近。

那年春天的風沙很大，刮疼了她的眼睛。

思念如潮

他小心翼翼地問她：「來出差嗎？」

「不，就是來看看你。」她倔強地盯著他，渴望從他的眼睛裡捕捉到巨大的驚喜。可驚喜是有的，卻淡淡的轉瞬即逝，他將眼神落在他的黑色汽車上，良久，又問她：「妳晚上住哪兒？」

「和你在一起，你在哪兒，我在哪兒。」

這句話在她等待他來的時間裡，在她心裡翻湧了無數遍，她來就是想和他在一起，度過一個完整的夜晚，或者兩晚、三晚。她要好好地跟他說說這麼多年對他刻骨的想念。

她知道他有家室，她並沒想破壞他的家庭，她就是想圓一個少女時代的夢，那個困擾了她十五年的夢。

他走到離她稍遠一點的地方打電話，她聽到他低聲下氣地說有急事要去一趟別的城市，說會盡快回來，他說：「寶貝，我愛妳，我會想妳。」

她的心頓時艱澀無比，經年過去，她再不是他的寶寶。瞧，這世界多麼滑稽，當初說好一輩子在一起，說好海枯石爛，說好即使死也不會分開。

她仰起頭笑了笑，心裡很難過。

其實分離的十五年裡他杳無音訊，她早就認了命，要不是他在前幾天突然打電話給她，說偶然從老同學那裡輾轉知道了她的電話號碼，她會把他一輩子珍藏在心底。可就是那個電話，讓她的心湖驟然驚濤駭浪。

她想見他，想得發瘋。那種念頭似陰暗潮溼的角落陡然冒出的苔蘚，瘋狂滋長，無法遏制。

人生不易

車子駛入毗鄰城市，他帶她走進一家酒店。

她用很長的時間洗澡，水流嘩嘩地落在她凹凸有致的胴體上，她想起了自己木訥的丈夫。從一所三流大學畢業後，她遍找他無果。絕望是一點一點累積起來的，在無邊的絕望中，她接受了婚姻，丈夫是普通的機關職員，長相也普通。她不愛他，一點都不愛，在一起就是為了過日子。丈夫不會疼她愛她，不會甜言蜜語。想那事了，也不問她想不想，就粗暴地直接進入，完事後轉過身就呼呼大睡。

他熱切地想要個孩子，可她不甘心，一直偷偷服用避孕藥。她不想要一個沒有愛的婚姻的產物。

洗完澡，她又花費了很長時間化了個妝，鏡子裡的她依然漂亮，卻不再擁有十五年前吹彈可破的皮膚，細紋不知什麼時候爬上了臉頰。她仔細地塗了BB霜，遮蓋了幾處瑕疵。化好妝，她換了一件白色的裙子，一塵不染的白。

他站在窗前抽菸，煙霧繚繞。她走過去，從後面環住他的腰，將臉貼在他寬厚的背脊上。他費力地轉過身來，看見妝容精緻的她，愣怔了一下，然後掰開她的手指，拍拍沙發，說：「來，坐下聊。」

他沒有立即把她拖上床，可，她跋山涉水地來找他，就是為了跟他索要性。聊天有什麼意思？

求而不得

他掐掉菸，眼睛直視著她說：「我不能對不起她。這一輩子，我只有她一個女人。」

他又燃了支香菸。

她心裡猛然凜了一下，她想聽他親口說，他還愛她，還記得那些呼嘯而過的青春，記得對她許過的諾言，她想聽他說他雖然不能給她婚姻，但能夠給她愛，這也是好的，可是，一切都是奢想。

愛一個人愛到什麼程度才是真的愛？她選擇了墮落。婚姻裡得不到愛的她，偶然認識了一個年輕男人，第一眼就讓她城池盡失。她詫異於世間竟有長相與他如此相像的男人，從眉眼到身材，特別是嘴唇的稜角，像得不可思議。

她勾引男人，試圖從男人身上找到他的影子，哪怕一點一滴也好。她給男人錢，買各種奢侈品給男人，把自己的身體給男人。在她心裡，男人就是他的替身——替身情人。

和男人在一起，她總是微閉眼睛，想像在她上方的男人就是他。有一次，她戰慄地喊出了他的名字，繼而歇斯底里地喊，我愛你！

男人沒有生氣，繼續占領她。直到，她丈夫回來，親眼看見那不堪的一幕。

這些，她當然沒同他講，她心裡翻騰著一個念頭，十五年前那次未遂的歡愛，她想繼續，她想真真切切地感受他一次，然後哪怕立即去死。

她貼近他，伸手去扯他的衣服，她沒想到他反應居然那麼激烈，一個巴掌把她掄倒在地，吼：「妳瘋了？」

她爬起來，指著自己脖子上的護身符問他：「還記得這個嗎？」

他拿起來看了看，搖搖頭：「妳這些年過得不好？怎麼戴這個？明天我買條項鍊給妳吧。」

✦ 白鳥之死

房間裡實在是太悶了，深夜兩點，她起身倒了杯水給自己，大口大口地喝掉。然後笑著朝他張開雙臂：「來，抱抱我。」

他沒法拒絕她，她的笑靨曾經是他心裡的蠱。他抱住她，讓她半躺在自己懷裡，就像十五年前的無數次一樣。她的眼淚唰唰唰地流了下來。

他看她哭了，驚慌失措地道歉，說：「我沒有別的意思，妳我都有家，我希望妳過得好，希望妳過得比我好。」

他還在說著，她環在他脖頸上的手卻突然垂落，她悽慘地笑著說：「我愛你，一直，永遠。還記得那首詩嗎，〈白鳥之死〉？」

記得，怎麼不記得。她曾抄給他，他至今背得滾瓜爛熟：「你若是那含淚的射手，我就是那一隻，決心不再躲閃的白鳥。只等那羽箭破空而來，射入我早已碎裂的胸懷……」

她的眼睛慢慢闔上，眼角還掛著一滴淚。

她是連夜逃出來的，只為與他相見。她背負了命案，就在她丈夫拿起砍刀撲向替身情人的時候，她心思紊亂，混亂之中摸到一把匕首刺過去。她不想自首，她想見他，想把自己從沒給過他的身體給他，想在最親密的時候問他，你還愛我嗎？

可他不要她，更不敢說愛，她完全絕望，所以她在自己喝的水裡加了提前買好的滅鼠藥。當然，她不捨得他為她蒙受不白之冤，在她的包裡，有寫好的遺書，替他撇得清清楚楚。

她就是想死在他的懷裡。

他的懷抱，是她一直渴望的天堂。

他的心臟瞬間像被一記老拳砸中，致命之疼。

他有隱痛，在一場車禍中，他失去了性能力。他愛她，一直都愛。他也和她一樣，愛得很絕望很絕望。只是從此以後，這愛成了他永遠的枷鎖。

他緊緊地抱著她，說：「我愛妳。」

她的睫毛很濃很密，覆蓋著她漂亮的眼睛，遮蓋了白天，只給他剩下漫漫黑夜。

我的心裡只有你

偷雞不成蝕把米

凌晨一點四十五分，司麗琪衣冠不整地坐在地上，看著張漾灰溜溜地鑽進他的黑色荒原路華朝老婆追去，那一刻，司麗琪連死的心都有了！

圍觀者熱情高漲：「呸，不要臉，騷貨，妖精……」

各種汙言穢語灌進她的耳朵，司麗琪突然咧嘴笑了，這才覺得臉上溼溼的，抬手一抹，滿手的血。昏暗的路燈下，那個情景相當詭異。這時，一張紙巾遞了過來，司麗琪接過來胡亂擦了兩把，說了聲，謝謝。

藉著燈光，司麗琪看見對方穿著一身保安服，不過，很面生。

「妳快回家吧，外面冷。」他低低地說了句，伸手想扶她，大概又覺得不妥，轉身也走了。

最後一個圍觀者離開後，司麗琪身邊頓時恢復了寂靜，剛剛被這場鬧劇吵醒的人們紛紛回家去繼續睡覺。路燈昏黃搖曳，早春的深夜尚有幾分寒意。

一點二十分，在司麗琪住的電梯公寓下，上演了一場正室抓小三的戲碼。張漾的老婆把司麗琪和張漾抓個正著後，用她那尖利的足以穿牆鑿壁的嗓音喊來了眾多圍觀者，又用潑婦的手段撓花了司麗琪漂亮的臉蛋。自始至終，張漾居然一直傻站著，根本不管司麗琪的死活。

這讓司麗琪怎能不寒心？

十二點五十分，張漾和司麗琪在1203那套精裝小公寓裡繾綣了一番後，張漾要回家，他吻著司麗琪說：「記住，小心駛得萬年船。」

司麗琪戀戀不捨地將張漾送下樓，在車外，張漾突然問：「想不想在車上試試？」

車子掩映在黑魆魆的樹影下，撫摸，親吻，前戲很足，可是沒等她享受到車震帶來的新鮮刺激，她就聽到一聲劃破夜空的尖叫。

✦愛恨一線之隔

司麗琪一瘸一拐地走進公寓走廊，進電梯的時候嚇了一跳，剛才那個小保安闖了進來，手裡舉著醫用紗布和一瓶藥水，靦腆地說：「姐，我看妳受傷了，所以不放心。」

司麗琪的心裡滾過一股暖流，心想自己都這樣聲名狼藉了，居然還有人關心她，可一張嘴說出來的卻是：「你該不是擔心我會跳樓吧？」

「不是。」

「那為什麼跟著我？」她看他窘得臉都紅了，覺得挺好玩。

「也是，怕妳想不開。」他說。

說話間，電梯到了十二樓，司麗琪開門讓他進房間。

小保安彎腰替司麗琪敷藥的神情頗專注，她仔細看了看這個男人，面孔白淨，寬大的保安服遮不住的健美身材，她問：「有女朋友了？」

「沒有呢，我這樣的，誰看得上呀？」他說話的樣子讓她想起了七年前的張漾，那時的張漾，也和眼前這男人一樣，純淨得像一張白紙，可物是人非事事休，現在的張漾，早已不復當年。

她湊過唇含住了他的耳垂：「想不想試試女人？」

深夜兩點，司麗琪和陌生的小保安滾了床單，她把剛才在張漾的車上沒有盡興的情慾一股腦地獻給了余晟。對，激情高漲的時候，他喊她姐，他說：「姐，我叫余晟；姐，妳的身體好滑；姐，這樣行不行？」

司麗琪裸著身子在床上翻滾，她勾人心魄，她惹人瘋狂，她花樣百出，讓余晟大開眼界。

盡興之後的司麗琪躺在余晟身邊，嘴角浮出一抹苦笑，她想，這個世界真瘋狂啊，自己居然用這樣的方式來解心頭之恨。

想到張漾，她就恨得不行！

她那麼愛張漾，可張漾卻一拖再拖，總說會離婚，總說，妳得容我慢慢來親愛的。

可是她不想等了！

海誓山盟成泡影

再從收發室門前經過，司麗琪總能看到余晟乖乖地坐在保安亭，她款款走過去的時候，他會給她一個旁人看不出來的意味深長的微笑。沒有人的時候，他還輕輕喊她一聲，姐。

司麗琪的名聲是徹底臭了，就連見面一直打招呼的幾個半生不熟的住戶，見了她也像躲瘟疫一樣溜著邊走。車震被抓，這種奪人眼球的新聞像風一樣席捲了整個小區，她總能見到三三兩兩的人站在遠處指著她交頭接耳。

不用猜，她也知道他們在說什麼。她不怕，大不了到時候賣掉這套房子，和張漾結婚後住到別處去，誰愛嚼舌根就使勁嚼好了。

張漾最近沒再來找司麗琪，他打過幾通電話給她，電話裡說老婆把他看得很死，還說本來他正在處心積慮找老婆的不是，現在倒好，被老婆抓住了小辮子，離婚就不那麼容易了，末了，他說：「親愛的，妳不希望我淨身出戶吧？所以再耐心等等。」

司麗琪盡量用平淡的口氣問他：「給我個時間？」

那邊就突然掛了電話，再打過去，關機。

司麗琪在空蕩蕩的房間裡踱來踱去，像只困獸一般。她想起了自己和張漾的過去。

司麗琪在大考前就把處女身給了張漾。第一次是在五十元一小時的鐘點房裡，張漾笨手笨腳地衝撞進她的身體後，她哭著抱緊他，不讓他離開，她說：「你會娶我的對嗎？」她說：「我想和你生生世世在一起。」

張漾的回答讓她一輩子都不會忘，他說：「我會娶妳，讓妳做這世上最幸福的女人。」

然後她落榜，張漾考別的城市，在張漾連吃飯都成問題的時候，她每天打四份工，把賺來的錢寄給張漾，心裡就一個想法，絕不能讓心愛的男人在錢上受一點點委屈。

為了愛情吃苦她願意，可張漾還是負了她。當她得知張漾一畢業就娶了班上家境最好的女孩時，司麗琪整個人都傻了。

時光流轉，六年後，司麗琪做了張漾的情人，又過了一年，司麗琪想做張漾名正言順的老婆。

愛情，沒有公平可言

余晟再次登門找司麗琪的時候，她正站在凸窗前俯視遠處的萬家燈火。

她把余晟拉過去，指著外面問他：「你說這要是跳下去會不會摔得粉身碎骨？」

余晟惶恐地將她抱緊：「姐，妳不能胡思亂想！」

她幽幽嘆口氣：「你想我了？」

余晟不說話，狠狠吻住她。那晚，他們除了接吻什麼也沒做，司麗琪向余晟講了自己和張漾的故事，講到最後泣不成聲：「你說，我對他那麼好，他怎能薄情寡義？要不是我他早餓死了！」

余晟替她擦拭糊了滿臉的淚水，喃喃道：「如果妳願意，我們可以離開這裡，我陪妳到哪兒都行。」

司麗琪正哭著，聽了余晟這有些孩子氣的話就笑了，她和張漾那麼堅定不移的愛情都能變質，眼前這個認識不過幾天、上過一次床的小保安，如何就能託付終身？余晟簡直就是幾年前的張漾啊，誓言立得容易，卻不懂誓言在愛情裡是執子之手的約定，卻很容易在生活裡變得狗屁不是。

她吻吻他的唇，把他連推帶搡趕了出去。

余晟站在門外，他聽見司麗琪的哭聲很壓抑，讓他窒息，讓他心疼。

司麗琪那晚割了腕，鮮紅的血淌下來的時候，她怕了，求生的本能讓她奮力爬到門邊。打開門沒等呼救，她就被一雙堅實有力的雙臂抱起來飛奔。余晟那時正靠在門上抽菸，原想等抽完一支菸就走，他始終不放心她。

傷口並不深，司麗琪的命保住了。出院後那幾天，余晟一有時間就來陪著她，為她做飯，講並不好笑的笑話給她聽，為她洗衣服，包括胸罩和內褲。

徹底痊癒後，司麗琪坐不住了，去張漾的公司找他，被告知不在。她失魂落魄地在熙熙攘攘的街道遊蕩，路過一家裝修得金碧輝煌的高級會所時，她無意間看見余晟正推開茶色的玻璃旋轉門走進去。她有點好奇，他在這裡做什麼？

有錢能使鬼推磨，她用一千塊從迎賓的嘴裡得知了一個讓她詫異的事實——余晟在這裡是服務生，因為長得好、身材好，所以生意一直穩居榜首。

從迎賓促狹的眼神裡，她明白了余晟的身分。她的腦袋忽然就鈍痛起來，她比以往更願意相信余晟有了別的女人，哪怕不止一個，卻沒想到他是做這個的。一口濁氣湧上心頭，她轉身就走。初春的風裡還有著絲絲涼意，她一路走，一路哭，後來哭得沒有了力氣，便順著馬路邊坐下來。

在司麗琪坐在馬路邊上的那段時間，1203 發生了一起命案。

夢想抵不過現實

張漾從十二樓的凸窗上墜落，當場斃命。

據辦案警察調查，排除了張漾自殺的可能，很快，他們將凶手鎖定為一個叫余晟的小區保安。

很多事情，司麗琪永遠矇在鼓裡。

那天，她去找張漾的時候，張漾恰好來家裡找她想告訴她，他已經不愛她了。房子是他買的，他用鑰匙開門，還沒顧上關門余晟就跟了進去。余晟從會所回來後在收發室值班，看見張漾開著車進了小區，就來找他要尾款。

一個月前小區那場人盡皆知的車震男主角，曾用一萬五千元僱用了余晟，並透過關係把余晟安排到小區做了保安。他要求余晟在某個他精心安排車震的深夜，恰到好處地打電話通知自己的老婆。他不想離婚，他寧願讓老婆來捉姦，寧願回去跪著向老婆懺悔，也不願因為一個一無所有的司麗琪而毀了自己一生的富貴。

張漾給了余晟五千，說等徹底擺脫司麗琪之後再結清尾款。

余晟急於拿到剩下的一萬。他已經把會所的工作辭了，他再也不想在那些披金掛銀的老女人的情慾裡迷失自己，他打算告別過去，帶司麗琪遠走他鄉。沒想到，張漾拒絕支付尾款。出爾反爾的有錢人余晟見得多了，盛怒之下，他趁張漾在凸窗前抽菸的時候，伸手推了他一把。

說到底，他恨忘恩負義的人，不論是男人之於女人，或者女人之於男人。

余晟有心結。他做那種工作也是出於無奈，他深愛的女友讀完大學讀碩士，然後又讀博士，他需要很多錢才能將她送到國外深造。可就在半年前，女友在國外結婚了，對方是個美國人，她對他說：「謝謝你。」

一句謝謝你，讓余晟終於明白，原來女友愛的只是他的錢。絕望的他繼續沉淪，沒想到遇到了與他有著同樣際遇的司麗琪。

司麗琪與余晟的最後一面是在羈押所，司麗琪像患了失心瘋一樣，對著余晟又踢又打，歇斯底里地喊：「你混蛋！你難道不知道我有多愛他？」

她尖厲地叫了一聲跑掉了。

司麗琪聽不到，余晟在她身後說了同樣一句：「妳難道不知道我有多愛妳？」

用生命喚醒你

✦偶遇酒吧

宋妮出現的那個夜晚，空氣曖昧潮溼，林棟和雄哥在大廈負一層的酒吧，要了幾瓶啤酒，有一搭沒一搭地喝著，眼睛順便在走進酒吧的每一個女人身上肆無忌憚地搜刮。

抬頭與宋妮眼神相接的剎那，林棟心裡的某根弦要命地動了一下。

泡夜店的女人大都化很濃的煙燻妝，塗猩紅的蔻丹，穿露乳露大腿短得不能再短的迷你裙。而宋妮不，她素面朝天，扎一把清純馬尾，穿一件藕色雪紡連衣裙，整個人仿若一枝安安靜靜的荷，與喧鬧、頹廢、灰暗的夜店極不搭調。

她一個人坐在角落裡，要了一杯酒，也不喝，安靜地低頭玩手機。

雄哥的眼睛裡閃過一抹驚喜，這沒能逃過林棟那雙火眼金睛。他咳了咳，對雄哥說：「這樣的女人出現在這種下三爛的地方，一定是有緣由的，要麼失戀、要麼失身、要麼破罐子破摔。」

雄哥吞了一大口酒，眼珠子像黏在了宋妮身上：「這是個清純的女人，我喜歡。」

林棟便不作聲了。

他知道，只要是被雄哥看上的女人，他就不能有非分之想。誰讓他和雄哥是兄弟呢，或者更確切地說，他們是一根繩子上的螞蚱。林棟是雄哥的跟班，和雄哥一起出生入死，賺到錢就坐在床上嘩嘩嘩數鈔票，賺不到就連喝幾天西北風。

相較女人，林棟更喜歡金錢，錢包殷實會讓男人覺得安全，而女人是禍水，一不留神就會被禍害得城池盡失。這是雄哥教他的，所以，他從不招惹女人。

◆英雄救美

一齣好戲在半個小時後上演了。

本地臭名昭彰的痞子刀疤臉騷擾宋妮的時候，宋妮惱了，發出尖厲的喊聲，雄哥走過去斷喝一聲：「別碰她！」

但刀疤臉是誰?他是這條街天不怕地不怕的痞子，怎麼能聽雄哥的?當刀疤臉將一雙邪惡的手摸向宋妮飽滿的胸部時，雄哥手裡的酒瓶子隨著一聲爆裂在刀疤臉的腦袋上開了花，一場激戰隨之而來。

林棟受了輕傷，雄哥的臉被利器劃傷，血滴了一路。

宋妮像只受了驚嚇的鳥兒，默不作聲地跟著兩個人去了路邊的診所。她細心地幫雄哥處理傷口時，林棟才近距離地仔細看了看她，側臉很美，小巧的鼻子、忽閃忽閃的睫毛，焦急起來，臉紅撲撲的，她的眼睛一直停留在雄哥那張帥氣得讓人嫉妒的臉上。是的，雄哥很帥、很男人，是那種有著一股子痞氣的帥。

這樣的男人對女人有很強的殺傷力。

那個時刻，林棟真恨不得受傷的是自己，哪怕傷得再重些也沒關係，好讓宋妮綿軟的小手在他的身體上停留一會兒。一想到那雙綿軟的小手，他的身體就蠢蠢欲動。

雄哥對宋妮揮揮手：「我沒事，妳不屬於那個地方，以後還是少去為好。」

宋妮告別時，雄哥掙扎著去送了她。到路口時，林棟藉口回去睡覺，轉身跟蹤了他們。他們去了海邊，雄哥的傷好像一下子好了，他們接吻的時候，林棟躲在岩石後面看了許久。藉著遠處的燈光，他看到雄哥捧著宋妮飽滿的臉，那一刻，他心裡莫名地泛酸。

那晚，林棟的夢裡是一片潮溼的海，他夢見自己和宋妮在沙灘上奔跑，風吹起了她的裙子，她笑著，將唇貼上了他的唇。

但那只是一場夢，夢醒後，林棟還是林棟，但是雄哥又多了一個女人。

可以這麼說，遇見宋妮前，林棟的眼裡只有錢。遇見她後，乾坤大逆轉，林棟開始在每一個潮溼的夜裡想念宋妮，想得急了，就穿上衣服，一口氣狂奔到海邊去。夜色下的沙灘，靜謐混雜著喧囂，不遠處海浪低聲洶湧著，林楝胸腔裡一把又一把的火焰奔突著，灼得他無處宣洩。

✦鏡中月

宋妮開始經常來找雄哥，有時在雄哥房間裡過夜。雄哥想像對待其他女人那樣對待宋妮，但是顯然不行，她的眼睛裡痴纏著一團火，雄哥說：「糟了，這丫頭愛上我了，這樣不好。」是的，她愛上雄哥了，這個結論讓林楝的心臟彷彿被鋼針紮了一般刺痛得要命。他無法不讓自己去想他們在床上糾纏的樣子，想像中的畫面似一把鈍刀，緩緩切割著他難過的心臟，讓他窒息得無法言說。

雄哥的女人從監獄裡釋放了出來，那天他們剛好結了一單生意，意氣風發地回了住處。看女人在，雄哥上去就擁著她進了房間。沒想到十分鐘後宋妮來了，她一進門就喊著：「雄哥，雄哥。」

林楝說：「雄哥不在。」

她說：「我拿樣東西就走。」

說著去推雄哥的房門。

林棟急了，攔住她高喊：「雄哥不在！」

宋妮猛地一腳踹開了門。床上，雄哥和女人正在熱烈糾纏。瘦削的宋妮愣了一下，繼而歇斯底里地鬧起來，瘋狂地拉著林棟說：「林棟，我們睡覺去！你不是想和我睡覺嗎？走啊，走啊！」

那一刻，林棟全身的每根骨頭都在唱歌，他多希望這些話不是宋妮負氣所言，多想細細地欣賞她，溫柔地愛撫她，然後像兩條沾著瀅漉漉的慾望的藤，你纏著我，我纏著你，酣暢淋漓地攀上快樂之巔。

但是他奮力甩開了她，他知道她不是自己的，想也白想，所以他狠狠地對她吼：「滾！」宋妮滾了，她滾到了刀疤臉懷裡。林棟和雄哥在尋找獵物時，看見宋妮坐在刀疤臉大腿上，笑得花枝亂顫。刀疤臉朝雄哥吹了一聲口哨，雄哥的臉色鐵青，林棟知道雄哥心裡一定很難受。

林棟心裡更難受，他和雄哥愛上了同一個女人。

當一個女人你料定今生也不會得到時，無異於痴心妄想地看著水裡的月亮，任憑它在水裡晃來晃去，碎了，圓了，終究是幻象。

宋妮就是林棟的水中月，鏡中花。

◆因為愛，所以傷害

林棟開始嘗試忘掉宋妮，所以當宋妮再次來找雄哥時，林棟把自己的心鍛成了一塊鐵。

雄哥把林棟叫到房間裡，點一支菸，狠狠地吸了一口說：「阿棟，我們人手不夠了，就用她。」

林棟一驚：「你瘋了？你既然喜歡她，怎麼可以讓她去幹那種事？」

雄哥的眼睛裡閃過一絲決絕。晚上雄哥提出讓宋妮做餌時，宋妮哭著答應了，她說：「雄哥，只要不讓我離開你，做什麼都行。」

女人一旦愛上一個男人，就賤到了骨子裡。林棟恨宋妮，恨她肯為雄哥做任何事。

雄哥弄了一個性敲詐集團，很簡單，放餌勾引獵物，獵物上鉤後，林棟和雄哥掐算好時間破門而入。那些獵物都是有頭有臉有錢的男人，為了名聲，當然會用鉅款消災。

但是，當宋妮第一次做餌和那個富商走進四星級飯店的套房時，等在外面的雄哥一直拖延時間。林棟急了：「快！否則就來不及了！」

雄哥說：「不急。」

林棟明白了雄哥的心思，他是想用更深的傷害來讓宋妮對他徹底死心。宋妮太死心塌地了，雄哥只能出此狠招讓她離開他，他不願意讓一個清純如水的女子對他用情專一，跟著他顛沛流離。

等在外面的林棟像頭困獸一樣走來走去。

時間漫長，在林棟幾乎要發瘋的時候，宋妮滿臉淚痕地出來了。她面無表情，眼神空洞地望著前方，從林棟面前走過去，白裙子像一片潔白的梔子花瓣，在林棟的眼前凋零了。

用生命去挽救

一個月後宋妮才再次出現。她顯然已經對雄哥死了心，臉色蒼白，她求林棟：「我們結婚吧，然後洗手不幹，開家小店，本本分分過日子。」

林棟站在窗前沉默不語，他還在糾結著那個很傻的問題，她是雄哥的女人，他不該對她動心。

但是，宋妮忽然將手臂軟軟地搭在了林棟的肩上，她的眼睛裡清澈得看不到一絲塵埃，她說：「你是喜歡我的，我知道，你一直都喜歡我。」

林棟不合時宜地問了她一句：「妳只是想和我做愛嗎？」

她怔了幾秒，說：「不，我想結婚了。」

然後，她就開始去解連衣裙的扣子，林棟沒有阻攔，他的心裡突突突地奔湧著一股潛流，那個聲音蓋過了他的理智。當宋妮白瓷般的胴體在他面前一覽無遺時，他像歷盡千辛萬苦終於挖到寶藏的尋寶人，驚呼著，將她納入自己的懷裡。

她仿若一條乾渴的魚，靈巧地滑進了他的身體裡，他想起了一直困擾著自己的那個海邊的夢，夢裡他和她唇吸引著唇，身體吸引著身體。想到那些痛苦的日子，林棟終於驍勇起來，迎接了宋妮的每一次顫抖的索要。

雄哥聽說林棟要和宋妮結婚，舒了一口氣。

林棟求他，陪他做最後一單生意。做了這單生意，他就洗手不幹，然後聽宋妮的話，本本分分過日子。

那天是林棟和宋妮的大喜之日，林棟喝醉了，醉了的他沒有任何預兆地被一副冰涼的手銬驚醒。同時被捕的，還有雄哥。在監獄的五年裡，宋妮彷彿人間蒸發了，蹤影皆無。雄哥常常在放風的時候對林棟說：「女人是禍水，這回你信了吧？」

風和日麗的一天，林棟出獄。他迫不及待地去了宋妮的父母家，迎接他的，是一捧冰涼的骨灰和一封信。

原來，宋妮在新婚那天發現林棟仍然在同雄哥犯罪，決意挽救他。她留給林棟的信上說：「沒有什麼比看著你們墮落下去更令人難過的了。」

林棟的眼前出現了一幅畫面，報警後的宋妮躺在蓄滿水的浴缸裡，用刀片劃破了自己的手腕，鮮血迷離著，似一朵朵憂傷的花朵，在水裡蔓延……

林棟的心一路墜落，他狂奔到海邊，跪倒在沙灘上。夜色下的沙灘，靜謐混雜著喧囂，不遠處海浪低聲洶湧著，似哀傷的樂曲。林棟的世界，就這樣失去了鮮活的顏色。

後來的很多年，林棟還是無法確定，宋妮愛的那個男人，到底是自己，還是雄哥？

拚盡全力的「辜負」

◆離不開麵包的生活

下午，塗著猩紅唇膏的更年期女主管又對我張牙舞爪，原因是我在一份重要文案上打錯了三個字，她大呼小叫衝我吼：「鬱小歡，幹不好妳就滾！」

我愣怔原地，同事們齊刷刷朝我投來同情的目光，剛好走進來的秦風喊住旁邊的人事部經理，雲淡風輕地說：「替鬱小歡換個職位，她是我老鄉。」

「另外，」他扭頭衝那女人說，「要是覺得幹不好，妳就滾！」

女主管低頭哈腰地退下，而我完全懵了。

我在秦風的公司打工，做一份拿很低薪水的文員工作，每天像個機器一樣對著電腦螢幕翻舞自己靈巧的手指，將打好的檔案送到更年期女主管面前，然後在那個猖狂女人的訓斥下將卑微的頭埋得很低。

活著不僅需要愛情，更需要麵包，我不能讓陳洛一個人累死累活地工作養我。

秦風對我的好感我早已洞悉，男人的眼睛最能出賣他內心最卑鄙的想法。在某一次茶水間偶遇時，秦風漫不經心地對我說：「鬱小歡，妳太傲了，可我就喜歡妳的傲氣。」

我暗罵，有點臭錢就以為你是爺啊！拽什麼拽！

同事們早就在八卦，秦風這個紈褲子弟命好，生下來嘴裡就含著金鑰匙，誰要被他看中，就別想逃出他的掌心。

還有，秦風住在某園，據說那是富人才有資格住的地方。事實上，秦風就是一個有資格住最好的別墅、開最好的跑車、睡最好的女人的男人，因為他有錢，所以他的路柳牆花多得數也數不清。

但我不是最好的女人，只是相貌生得好看些，這是父母給的，然後我有點傲。就是這份傲氣，使秦風對我的痴戀愈來愈濃，直到剛才，他的痴戀成功演繹成跟蹤，外加一頓狂吻。

可是，這又能怎樣？我心裡只有陳洛。所以，我擦了擦嘴巴，憤然離開。

現實殘酷

我的景況奇蹟般好轉起來，女上司再也不敢凶我。月底，我的錢袋裡比往常多出幾倍鈔票。但是我並不感恩，當我遇到秦風期待的眼神時，總是頭一擺裝作沒看見。

秦風再好再有錢，我也不能要，我有陳洛，我們非常相愛。

我的左手無名指上戴著一枚銀戒，溫潤的金屬、好看的弧度上，雕刻著栩栩如生的鳳尾。陳洛買下來套在我的手指上時說：「我一定會娶妳，丫頭。」

他喊我丫頭時，眼睛裡滿是寵溺。

我和陳洛住在租來的地下室裡，愛情的火焰將那間散發著萎靡潮溼氣息的斗室裝點得活色生香。陳洛喜歡在做完愛後將我抱得緊緊的睡過去，而我聽著他勻稱的鼾聲，就覺得天堂不過如此。

我怕是得了嗜銀症，看到喜歡的小銀飾，就兩眼放光。其實當我看到別的女人頸間閃閃發光的鑽石項鍊，也渴望有一天會披金戴銀、挺直腰板。但是陳洛只買得起銀飾，所以我說我只喜歡銀飾。有時候面對愛的那個人，撒點小謊並不過分。

陳洛許諾，有錢了一定開家銀店讓我當老闆娘，他當銀匠，每日裡叮叮噹噹，為我打造最好看的銀飾。我笑著應他。

現實總是比夢想殘酷。

前陣子，父親的一場疾病把我從對未來的美好想像中驟然抽離，我需要錢，需要很多錢才能交得起那些天價藥費。我沒有怪陳洛不能為我解燃眉之急，我能做的，是每天素著一張臉坐在秦風的公司裡，面對螢幕機械地敲打文字。

沒有父親，我的天就會塌。可我無能為力。我幾乎要發瘋。在幾乎凝滯的空氣裡，陳洛日漸沉默。

愛遭背叛

一枚碩大的鑽戒擺在我面前，我抬頭，迎到秦風火辣的眼睛。是傻瓜都知道，他在向我求愛。可是，天知道他用這種拙劣的把戲搞定過多少女人，一枚鑽戒於他而言不過是遊戲感情的一個道具而已。

我準備用最有效最冷漠的語言表達拒絕，沒等我開口，秦風笑了，口吻居然前所未有的坦誠：「鬱小歡，妳可以不用著急回答我，我有足夠耐心等妳。」

等我回心轉意？等我接受一個我不愛的男人，只因為他有錢？做夢！

拖著疲憊的雙腿回家，偏偏半路看見一個頗像陳洛的身影。疑心四起的我乾脆跟了上去，果然是陳洛。可是他明明告訴我他去出個短差，難道他在騙我？

我像一個蹩腳的偵探一直跟蹤陳洛到酒店，眼睜睜地看著他在酒店門口與一個妖嬈女人會合。女人披著大波浪的長捲髮，腳蹬著高得嚇人的高跟鞋。他親熱地上前攬住女人的水蛇腰一起走進旋轉玻璃門。那一刻，猶如被一盆涼水劈頭蓋臉澆注下來，我渾身徹底的涼。

行屍走肉般過了三天，陳洛回來時，我沒有撲上去廝打他，而是冷靜地用我親眼所見的質問他。我想，對於一個男人而言，世間誘惑實在是太多，我想原諒他，然後就當什麼都沒發生過。

退一步，海闊天空。這點同樣適用於愛情。

可是陳洛的回答讓我心寒，他說：「鬱小歡，我不愛妳了，妳走吧。」

我的雙腳猶如栽進水泥地裡，動也沒法動。我詫異，繼而笑了：「你是逗我的吧？我原諒你偶爾的背叛。你當初說過，我們會一直在一起，沒有任何力量能夠把我們倆分開！」

陳洛表情瞬息萬變，語氣卻毋庸置疑：「是，我也說過，只要我親口說不愛妳了，不要妳了，就是我們愛情的末日！」

是，他是說過這樣的話，我們的確如此約定過。可我不想放棄，我們愛得太苦，愛得太真，在光怪陸離的社會染缸裡，我還想給他一次機會，或者說是給我自己一次機會。

我堅持不走。我流著淚說，我原諒你，我還愛著你！女人有時候就是賤，尤其在愛情裡，越是愛，越是賤。

碎落一地的心

陳洛沒有絲毫悔改的跡象，他用冷漠報復我的豁達。

一週後，他竟然張狂地將女人帶到我的床上。那天我打電話告訴陳洛我加班，之後卻在公司突然昏倒，秦風指揮幾個同事將我送至醫院，醫生的診斷是低血糖外加嚴重營養不良導致昏厥。打完點滴，秦風送我回家，虛弱的我沒法拒絕他的一番好意。

我靠在地下室的門上，看著女人驚慌失措穿衣離去。陳洛不緊不慢地點菸，抓起一瓶冰水咕咚咕咚地灌下去。我無動於衷，心卻開始碎裂。

陳洛摔了手裡的瓶子，掐著我的雙肩，搖晃著我，他眼睛裡的怒火是我從未看見過的。他吼：「鬱小歡，我已經不愛妳了，妳怎麼還死皮賴臉地回來啊？」

這個男人此時此刻如此陌生，陌生得讓我害怕。我想起那個口口聲聲說會娶我的陳洛，想起那個在夜晚將我溫暖覆蓋的陳洛，我不信一個男人會變得這麼快。我歇斯底里地撲進他的懷裡，他卻冷冷地將我推開。

我沒有哭，我連哭的力氣都沒有了。

我扭頭衝了出去，走出地下室昏暗潮溼的甬道，橘黃的街燈將我的影子拉得很長。深冬的夜，空氣冷得凜冽，有雪花大片大片飄落，我攔下計程車，報了某園的名字。

鋪天蓋地的絕望中，我想到了秦風執著的眼神，和他的那句，我有足夠耐心等妳。

雪花飛舞著，迷濛了我的眼睛。

計程車穿過第七條街道後抵達。秦風邁著輕快的腳步跑下臺階，穿過雨花石的小徑來打開雕花的鐵門，看見我他露出牙齒笑了：「想通了？」

我如鯁在喉，將頭埋在他的頸窩裡開始哭泣。

那是我從未見識過的富麗堂皇，秦風的笑，秦風的撫摸，秦風的親吻，一切都虛假得像日本卡通片的景象，而我如同卡通裡的櫻桃小丸子，因為急速逼近的幸福，有些應接不暇的眩暈。

秦風像一頭被困太久的獸，匍匐在我身上，撕咬，啃噬。我睜著大大的眼睛越過他的耳側看向天花板，那裡白茫茫一片，就像我此時此刻空洞的心臟。一刻鐘後，秦風將我的頭扳過來，直視我的眼睛，他說：「鬱小歡，如果妳不願意，就算了。」

說著，他從我的身上滑落下來，偃旗息鼓。周圍死一般的寂。他抽出一根菸，打火機吧嗒吧嗒了好幾次，那根菸依舊沒點著。情慾與愛情，是兩個互相打鬥的魔鬼，它們在我的腦海裡輪番出擊，令我頭痛欲裂。

內心的打鬥停止，我奪過他指間的菸，媚笑著貼近他的臉：「誰說我不願意了？」

那是一場酣暢淋漓的性愛，整個過程秦風投入且執著，他一遍一遍地吻過我的肌膚，臉龐因情慾高漲而顯得扭曲，床頭橘色夜燈將他起伏的樣子投射在牆壁上，一下一下，時而緩慢，時而激烈……這個男人將我原本冰冷的心消融成一滴滴雪水，讓我獲得一絲喘息。

我想，我應該忘了陳洛，一個用背叛回報愛情的男人，根本不值得去愛。

◆保險櫃中的祕密

父親的醫藥費很快得到了解決，與有錢男人交往的好處不言自明。有時候秦風會盯著我的眼睛問我：「妳愛我嗎？」

「愛。」我的回答是那麼不確定。可是，秦風很滿足。

秦風喝醉的那天，我的金融卡上多出了五十萬。他醉得不輕，並且在稀裡糊塗睡著前，忘記將打開的保險櫃上鎖。

我看到了一張白紙黑字按有鮮紅手印的合約，是秦風和陳洛兩個人簽訂的。內容讓我驚詫：「陳洛自願放棄鬱小歡，並保證不與其主動聯繫，秦風會在得到鬱小歡之後，一次性付五十萬給陳洛。」

難以置信，陳洛居然用五十萬作為籌碼將我出讓給秦風，從而為我換得父親的醫藥費。祕密拆穿，懸念一層層展開，我震驚，無語，心痛。

陳洛是愛我的，只有愛一個人才會甘願放棄。酒店、地下室裡的女人，不過是他逼我離開的戲碼。

我試圖搖醒秦風，可他已然爛醉如泥。我發瘋般去找陳洛，跌跌撞撞地穿過一條條街道，可那間散發著霉味的地下室已人去屋空。那一刻，我真想像《大話西遊》裡的紫霞一樣，鑽進身體內看看自己的心，究竟痛成了什麼樣子。

負心的他，空心的你

✦ 略顯狼狽的再見

林晟朝我走來的那一瞬，空氣裡都帶著大朵大朵繁盛的憂傷。這個化骨成灰我都不會忘記的男人，此刻衣著入時，從嶄新的 AUDI A6 裡探身而出，身形依然矯捷、健碩，我的心猛烈地跳動起來，並無法控制地失衡。

我夠狼狽，拎著一隻掉了跟的鞋子，裙子也撕開了幾寸長的口子，落魄的我與意氣風發的他狹路相逢，場面相當諷刺。當我正恨不得找個地縫一頭鑽進去時，聽到林晟很有禮貌地問我：「這位小姐，妳沒事吧？要不要我幫妳？」

我愣怔住了，彷彿被當頭拍了一板磚。都說男人善變，可是再善變，時光再荏苒，也不至於把初戀女友認作路人甲吧？更何況，我們曾深愛過，曾在旖旎時光裡牽過手，接過吻，甚至，交付過彼此的第一次。

我慢慢抬頭，直到與他眼神相遇，我相信此刻我的眼睛裡絕不會有淚光，有的只是冷冽。

果然，林晟呆住了，遲疑片刻，他小心念出我的名字：「許諾，是妳？」

或許我的狼狽激發了他的憐憫之心，林晟不容分說，把我塞進他的副駕。

車廂裡很靜，在他的咄咄逼問下，我故作輕鬆地說：「路遇劫匪，並沒多大損失。」

我騙了他。

我剛從酒店跑出來。幾個小時前我與一個四十多歲的歐吉桑在酒吧對飲，男人說只要我跟著他，就會享不盡榮華富貴。然後不勝酒力的我被一股蠻力弄醒，發現已然身處酒店房間，撕扯間，我抄起菸灰缸砸了歐吉桑，奮力外逃。

我篤定，除了林晟，我沒法接受另外一個男人。

✦誓言隨風凋零

車子停在一幢舊樓下，林晟打了一通電話，很快，一個高瘦的男子從樓上下來，交給他一串鑰匙。林晟也不避諱，向我介紹：「夏宇，我的兄弟。」

夏宇眼神很複雜，我這才驚覺自己衣衫凌亂，不禁羞惱。

三樓，收拾整潔的小兩居，林晟向我解釋，外面人多眼雜，只好借朋友房子與我坐坐。

迎著我火辣的眼睛，他眼神閃躲：「這幾年，妳過得好吧？」

我拿過夏宇電腦前的香菸，抽出一根點燃，少頃，撣掉長長一截菸灰，「不好。」

事實上，在林晟離開我的這三年裡，我過得真的不好。我以為失去林晟，就會愛上別的男人，可是我驚懼地發現，內心深處，我仍想念林晟，仍對他不死心。那種感覺很苦澀很糾結，他就像一粒砵砂烙在我的心底，無法抹去。

我發了瘋般地一座城市接著一座城市流浪，每次抵達一座新的城市，我都乞求上帝保佑我找到他，我要親耳聽他說不愛我，然後哪怕立即去死也心甘情願。

聽完我絮絮叨叨的講述，林晟囁嚅道：「當初離開妳我也是情非得已，可是現在，我無法全身而退，我快要結婚了。」

看，這就是我的愛情，有始沒有終，未曾盛開就已枯萎。林晟於我，就像天邊最遠那顆星，伸手不可及。

男人就是決絕，當他不愛一個女人時，心就會冷硬成一塊堅冰。我想起三年前的最後一面，那天冷得異常，有零星雪花從陰霾天空墜落，林晟指天發誓，誰變心誰就死無葬身之地。

我用唇堵住了他的唇。可是發過誓的第三天，他就棄我而去，就像炎炎烈日滴在水泥地上的一滴水，瞬間蒸發，了無蹤影。

最後的自尊

舊愛重拾是恩寵。

夏宇電腦裡傳來陳楚生清洌的歌聲：「我越來越懷疑誰說愛過是幸福，反正身上都是未痊癒的傷口，我經常嘲笑自己，不能說到做到，忘不了那段甜蜜，戒不掉心中的癮……」我突然想哭。

暮色四合，林晟的臉離我很近，他的眼睛裡清晰地燃燒著一簇火焰，我直視他，並從中看到卑微的自己。火焰愈燒愈旺，終於，他將我撲倒在夏宇鋪著藍色格子床單的大床上。

不用矯情，說什麼都是徒勞都是枉然，我要的難道不是這一刻嗎？一千多個日日夜夜，我用回憶充實自己的空虛寂寥，無數次幻想與這個男人糾纏在一起，藤一般，堅韌一生。

林晟一直在問我：「還愛我嗎？傻丫頭，還愛嗎？」

我不說話，扔掉菸蒂，魚一樣滑進他溫暖的懷裡，沉默著，撲騰起白色的浪花。那些浪花狠狠打在我身上，讓我雀躍、歡喜。林晟在我的鼓勵下驍勇異常。那一刻，世間再無其他，只有林晟，林晟的體溫，林晟的懷抱。我鼓起勇氣，說出一直想說的話：「走吧，離開這裡，我們去另外的城市，安家落戶，生孩子，過日子。」

我以為林晟會點頭，可是我錯了，他從我身下抽出手臂，語氣沒半點商量餘地：「不行，下個月十六號，是我大婚的日子，許諾，我只能負妳，對不起。」

心臟彷彿被瞬間抽空，我失語。

從夏宇家出來，街燈昏暗，午夜的街頭，夏宇站在法桐巨大的樹蔭下，表情莫測。林晟把鑰匙丟還給夏宇，回頭問我：「妳住的地方遠不遠？」

我仰起頭，沒心沒肺地笑了：「你走吧，別讓準新娘著急哦。」

林晟的車子在空寂無人的街頭疾馳而去。轉過身，我的眼淚狠狠砸落下來。租住的房子在城郊交界處，我固執地不想讓林晟再次見證我的不堪，桀驁且驕傲的我，只想在他面前保留最後一點自尊。

夏宇走過來，默不作聲遞給我一張紙巾。

後半夜，我和夏宇坐在他家的沙發上，空氣裡還殘留著林晟的味道，甚至，若有若無的荷爾蒙的味道。

我問夏宇：「如果你愛的人不愛你，你會怎麼做？」

「讓他也不好過。」他熄滅菸頭，回答我。

放不下

我求夏宇幫我，我想知道究竟是什麼樣的女子才能奪去林晟。夏宇說：「好。」

接下來的日子變得凌亂不堪。每天，夏宇用他那輛二手汽車載著我尾隨林晟。我躲在擋風玻璃後，看著林晟挽著一位高挑靚麗的女子出入高檔購物場所，他們看起來是那麼般配，我問夏宇：「為什麼上帝如此不公，賦予了她美貌，還賦予她財富，外加一個優秀的男人？」

「命。命不由人。」

人人都說，女人都是現實的，沒有哪個女人會看上一個只有愛、沒有錢的傻瓜。其實男人也一樣，會為了所謂的前程，把愛情當賭注，押在一個可以幫助自己飛黃騰達的女人身上。

林晟沒有錯，錯的是我不該愛他。絕望似一根藤，緊緊纏住了我，令我窒息。我告訴夏宇，我去買杯奶茶，馬上回來。

十分鐘後，我站在了購物廣場最高層天臺，清冽的風陣陣吹來，涼意自心生。我默唸著：「林晟，我就是死了做鬼也要纏著你。」

然後，閉上眼睛，張開雙臂呈飛翔的姿勢。

一股力量將我突兀席捲，不知什麼時候，夏宇站在了我身後，隨著一句「許諾，妳瘋了！」我倒在他寬闊溫暖的懷裡，無聲嗚咽。

是的，得不到愛，我寧願不要活著，因為活著的每一分每一秒，對我來說都是痛苦。

回到夏宇家，他為我熬了香濃的粥，配上幾樣翠綠小菜，胃口無端好起來。整晚，夏宇苦口婆心勸我，為了愛情丟掉性命，這是蠢豬才幹得出來的事。

飯畢，瞥了眼臥室裡那張藍色格子床單，眼前不由自主又想起那個午夜，我與林晟難分難解，而夏宇在樓下躑躅徘徊。

其實夏宇人很不錯，高瘦，英俊，有一份不用太辛苦便可衣食無憂的工作。追逐你的女孩應該很多吧？我這樣問，他卻用霸道一吻回答了我。

那個吻很綿長，甚至帶來一種天崩地裂的感覺。

夏宇吻著我說：「許諾，妳可以和林晟見最後一面，作為了斷。以後，必須全心全意和我交往，如果妳愛我。」

我愣了一下，心裡怦然開出一朵花。

得不到，便毀掉

我主動約林晟，當他在電話裡意外地聽到我會放手，這只是最後的告別時，他如釋重負，「好，我去找夏宇要鑰匙。」

同樣的情景再次上演，我抽掉了夏宇菸盒裡最後一根菸，嗆得連聲咳嗽。

不知林晟是不是心懷抱歉，總之，他給我的吻，多了疼惜，多了百轉千迴，甚至在我戰慄著將自己貼向他堅實的身體時，他用前所未有的熱情包裹了我。

這就夠了，足夠我回味一輩子，我很知足。

在樓下告別時，正值午後，林晟牽著我的手，陽光自法桐的枝椏間打下來，有一縷刺花了我的眼睛，劇烈的空曠感自心底蔓延。看著林晟疾步離開，突然有一陣暖、一陣涼，交錯著從我的脊梁骨蜿蜒而上。

我失去了他，永遠。

十六號，我喬裝打扮一番，混在賓客中走進林晟舉行婚禮的酒店。路過林晟身邊，我多看了一眼新娘，一襲潔白婚紗，襯托得她宛若天人。

婚禮正式開始，在悠揚的樂曲聲中，婚禮司儀說：「現在，請來賓欣賞新郎新娘相識的甜蜜片段。」

臺下掌聲雷動。巨大的投影牆上，畫面以四倍的速度切換，最後出現在眾人眼前的是一段極其香豔的影片，影片裡，林晟赤身裸體，女主角卻並非新娘。

沒人能夠控制得住那個騷亂場面，新娘揚起手扇了林晟幾個響亮的耳光，哭著跑遠。

趁著人群混亂，我走出了大廳，臨走時，我回頭望了一眼林晟，只見他捂著雙頰，蹲在牆角，一副失魂落魄的狼狽相。

我終於負了他，我答應林晟我會離開他，永遠，可我不甘心把他拱手送人，於是夏宇配合了我，在他家裡，輕而易舉用微型攝影機錄下了我和林晟的最後一場歡情，我只是想讓那個驕傲的女子知道，她不配和我爭。

事情很容易操作，在婚禮司儀宣布婚禮開始之前，夏宇遞給司儀這張光碟並一再囑咐，這是新郎的成長足跡，一個意外驚喜。

✦離開是解脫

我去找夏宇。他答應我的，只要我狠心和林晟做一了斷，他會給我一場愛情。我是一個無愛不歡的女子，沒有愛情的生活太過蒼白，我渴望夏宇能用愛撫平我的傷口。

人群外，我看到了夏宇，他滿目疼惜，身邊站著傷心新娘。我在他們三公尺外駐足而立，清晰地聽到夏宇對她說：「別哭，妳還有我。」

那個瞬間，猶如被一盆涼水劈頭蓋臉澆注下來，我終於醒悟，夏宇所做的一切，並非為我，他喜歡的也並非是我，我只是他為了破壞一場婚禮而隨意擺布的棋子而已。

心像被一團棉花堵住了，悶得厲害，又無從疏解。一個小時後，我踏上了離開這座城市的列車。

物是人非事事休，對我來說，他是負心人，我是空心人。而我，只有離開才是解脫。

給了你冷漠，給了他柔情

要的是你給不了的愛

康兆年失蹤了。

安南坐在沙發上，他的眼神清晰地向我傳達出一個消息：這麼多年，他日夜巴望著康兆年斷手臂、斷腿、失蹤，甚至巴望著他死掉，現在，他的幻想成了真。

由於太過興奮，削蘋果時他的手指一直在顫抖，鋒利的水果刀一滑，刀鋒經過之處，鮮血滴落，我注意到他的臉頰微微抽搐，神色有異。他卻笑了：「沒事，不疼。」

是的，不疼。曾經我對康兆年說過，世上所有的痛苦都不算疼，唯一疼的是他不要我。

安南也對我說過，只要我點頭答應他，身體髮膚的所有疼痛他都不懼。

我卻只當他開玩笑，我怎麼會愛上他呢？他能給我什麼？父母留下來的那套房子？死水微瀾的生活？不不，我要的是康兆年，是激情加愛情，是美酒香車鑽石華服，安南給不了我這一切。

所以，我明確地告訴過安南，如果不想讓我遁出他的視線，就必須遵守一個守則：我們是朋友，永遠。

只有朋友才可以稱得上「永遠」二字。

那天安南答應得很爽快。我知道他刻意堆砌的笑容背後掩藏著說不出的痛，可我沒辦法，愛情不是施捨品，我不能把自己施捨給安南。而安南只要能隔三岔五看見我，他便歡喜。

我就像一隻勇敢的飛蛾，朝著康兆年為我燃起的熊熊火焰一頭撲進去。

光陰似水，愛情成灰。我等了很多年，康兆年的回答卻一成不變：「我會跟她談，我會娶妳，盡快。」

誰會想到，當我以死相逼時，康兆年竟然玩起了失蹤的把戲。

✦ 渾身是傷

安南忙前忙後，為我收拾出一間屋子，花瓶裡插上最新鮮的梔子，床品嶄新，床頭放著一隻碩大的泰迪熊。他用這種方式告訴我，只要我點頭，他會給我一個家。

可我沉浸在對康兆年的想念中無法自抑。

我問安南：「假若你的愛人失蹤了，你會怎麼樣？」

「等，原地等待。」安南看著我一字一句地說。他的眼睛裡突然燃起的炙熱，讓我的心臟沒來由地一陣慌亂。嘩的一聲，我撕開了自己的上衣。

呈現在安南面前的我，滿身傷痕，從胸開始一路向下，溝溝壑壑遍布暗紅色的傷痕，尚未結痂的傷口，仿若一朵朵豔麗的罌粟花，在我的皮膚上魔鬼般招搖盛開，如此慘烈的畫面快準狠地刺激了安南的眼睛。他捂住眼睛，嘶叫一聲，然後咆哮著抓住我的肩膀。

「誰幹的？誰？」

我悽慘一笑，將那些傷口一一指給他看。這些，是我向康兆年要婚姻而吵架時，康兆年賜給我的；這些，是康兆年妻子的傑作，那個女人人高馬大，我不是對手……

安南怒火沖天。我抱著他的手臂哭了，很無助，很洶湧。在他面前，這是我第一次哭。

從我成為孤兒的那天起，桀驁的個性使我堅強到不需要任何人的憐憫，我用冷硬的外殼包裹自己，即便面對安南的噓寒問暖，我也只是淡淡地說：「我行。」

我所有的柔情都給了康兆年，所有的冷漠都給了安南。

或許愛情就是這樣，愛一個人，就會不顧一切想和他在一起，不愛，便不能夠強求。

安南要帶我去醫院，我拒絕了。我不願把傷口暴露在陌生人面前。與我爭執無果，安南悶聲不響跑到診所買來醫用碘酒、繃帶、紗布，埋下頭幫我處理傷口。可我分明感受得到，他的指尖在顫抖，他的呼吸愈來愈凝重，終於，他撇下我嗚嗚地哭了。

「我想殺了那對狗男女。」

我將手放在他毛茸茸的頭髮上說：「我也想，你能幫我嗎？」

◆ 愛不能強求

愛到極致無所畏懼，可是殺人畢竟觸犯刑律，安南會不會為我提刀殺人，我無從保證。

我說：「事情先放一放，我想等康兆年這個混蛋滾回來，等到他親口對我說，我們以後橋歸橋路歸路，誰也不是誰的誰。或許那個時候，我會將心結放下。」

安南想了想，說：「也好。」

我每天窩在安南的家裡，百無聊賴，頹喪到想死。聽歌聽到一半歇斯底里地哭著關掉，安南費盡心思做的飯菜，我只動動筷子。安南滿目憂傷，苦口婆心地勸我吃點喝點，我只是沉默。他再勸，我就推開椅子站起來說：「我傷口疼，心也疼，我吃得下嗎？吃得下嗎？」

我衝進房間，從皮箱裡拿出一把刀來，用手指摩挲著刀鋒。刀子有點鈍，但是我告訴他，我要用這把刀子殺了那個女人，再殺康兆年，如果他膽敢回到這座城市。安南罵我瘋了，他來搶刀子，爭搶之間，刀子砰然落地，在清脆的碰撞聲中我如一根絕望的藤，緊緊纏住了安南。

除了冷漠我從來沒給過他什麼，而現在，我們的唇緊緊吸附，原來與愛自己的男人親吻，和與自己愛的男人親吻，感覺居然如此不同。安南的吻帶著迷離的生澀，帶著疼惜，化解了我滿腔的憤怒和悲傷。

我任由他將我一步一步帶到他的床上去，任由他用牙齒咬掉我的衣釦，然後將頭埋在我的雙乳間，哭泣。

看來我是真的錯了，我錯失了安南對我的愛，天真地以為康兆年是我的天我的地，卻一直忽略了發自肺腑愛著我的安南。我從小嘗盡孤兒的疾苦。安南也好不到哪兒去，高二那年他的父母出車禍雙雙離世，從此，他守著父母留下的房子等遺產伶仃度日。

同病才能相依，我們同是天涯淪落人，上帝拋棄了我，也拋棄了他，我們的人生一樣殘缺一樣無常。

安南宛若一頭莽撞的獸，在我的挑逗下，驍勇異常。沉默對決，喘息也壓到最低。我們用身體交換身體，用眼神交換眼神，到達巔峰的時候我咬住了安南的肩頭，我戰慄著身子問他：「你愛我嗎？愛我嗎？」

「愛。」他吐出這個字，重重地用身體包裹住我。然後，我感覺到液體從他的眼角滑落，打在我的脖頸上。

燙。很燙。

瘋狂之舉

日子很陰霾，我當著安南的面磨那把刀子，每天，不厭其煩。其餘時間除了吃飯睡覺，就是永無止境地做愛。彷彿只有性，才能緩解我心頭的疼痛。

我不聽安南的勸，說服不了自己。我不止一次在和他做愛的時候，幻想我上面的那張臉是康兆年，康兆年的鼻子，康兆年的眼睛，康兆年的嘴唇。最後一次，我甚至在激烈的性愛之巔喊出康兆年的名字，那個瞬間，安南頓了頓，然後從我身上頹然跌落。

安南把自己關進房間。我貼在門上聽，聽到他在床上翻來覆去的嘆息聲，以及重重的吸菸聲。

後半夜，我站在窗前，深邃的夜空沒有一顆星星，天很陰，我心裡很難受。天快亮的時候我做出了一個決定。我敲開安南的房門說：「我帶你去個地方。」

我帶安南站在一棟華麗的大樓下，指著三單元六層的那扇窗戶告訴他：「看見了嗎，那就是康兆年的家，為了躲避我，他逃了，可他妻子在，她為什麼比我幸福？她憑什麼比我幸福？我要和那個女人同歸於盡。」

我眼睛裡的殺氣嚇壞了安南，他揚起手扇了我幾個耳光，罵我：「妳瘋了！我愛妳，我愛妳勝過愛我自己，難道這還不夠嗎？」

我沒瘋，安南才瘋了。否則，他怎麼會在這個午夜，揣著我磨得嚯嚯閃亮的刀子去了康兆年家？我不太清楚安南去和回的細節，因此無法為警方提供任何他們需要的呈堂證供。我割腕了，流了很多血，之後我撥打了 120，我不想死。

我要是死了，就真的見不到康兆年了。

◆極致的愛無所畏懼

康兆年辦完妻子的後事，以最快的速度出手了那套房子，然後揣著所有家底帶我遠走高飛，在陌生的城市隱姓埋名，我與他，儼然一對煙火夫妻。

只有淹沒在陌生的人群裡，我和康兆年，才不會時時想起他無辜的妻子，以及更加無辜的安南。

對，你猜得沒錯，康兆年沒有失蹤，他只不過是躲了起來。我身上的傷口，與他，與他的妻子沒有任何關係，所有的傷口，都是我用那把鈍刀子一刀一刀割開的。我不怕疼，從小我就有自虐傾向。沒有愛的人生，多點疼痛不算什麼，況且，我是為了完完整整得到康兆年，這也算愛情投資。

康兆年的妻子拒絕離婚，於是她成了我奔向幸福生活的絆腳石。我向安南展示那些帶血的傷口，我篤定安南愛我，見不得我受傷。

安南高二那年精神上受了嚴重的刺激，誘因是父母倒在血泊裡的慘相，之後只要看見血，他就會精神失控。那晚我哭了很久，後來我吻了安南，我告訴他我受不了了，我的人生如此糟糕，死是唯一的解脫。趁他去洗手間的時候，我用刀片劃破了自己的手腕，那把刀子被我磨得異常鋒利，輕輕一下，便有血液汩汩流出來。鮮血迷離著，似一朵朵憂傷的花朵，在白色的瓷磚上蔓延，蔓延……

我成功地誘發了安南心底的那個瘋魔，他站在一灘血前，愣怔片刻，奪過我手裡的刀子，衝出門去。

他殺了那個女人。

他有病，不用以命抵命。我用這個理由為自己開脫罪名。

得到康兆年，幸福來得沉重且憂傷。異鄉的夜濃得似一抹黑漆，我躲在康兆年的臂彎裡，常常想起安南，那個為我拚命的男人，他還好嗎？他恨不恨我的不告而別？他一個人的生活孤寂嗎？

我甚至想起那些與他肌膚相親的時刻，想起每一次他都會在高處微閉雙眼說，我愛妳，為了妳，苦也願意。

半年後，我實在忍不住聯繫了好友，打探安南的消息。好友說：「安南經法院判定屬於健康人，被判死緩。」

我的心臟狠狠扯了一下，疼得七零八落。誰能想到，一個病得那麼重的人居然會痊癒？而他冒死做的一切，只是為了一個根本不值得他愛的女人。

而我這輩子都無法逃脫這份愛的桎梏。

因為太愛你

綁架

美年被綁架了。

綁架她的人叫周舜，到她的公司應徵還不滿一個月。一個月裡，美年對周舜的了解僅僅止於他深邃的眼神，手臂上性感的腱子肉，以及他對工作細緻入微的態度。

美年剛剛三十五歲，開著一家貿易公司。經歷了婚姻的激情期與平淡期後，現在的她正處於婚姻疲憊期，有時候，美年會突然深深地嘆口氣，說不清是感嘆消逝的年華還是老公顧星雲在婚姻裡的倦怠。

所以，當周舜將她帶進那座爛尾樓的時候，她竟從骨子裡感覺到了一絲激動。就像一潭死水裡突然掉進一顆石子，她渴望激起點漣漪。漣漪很快來了。

周舜一反平日裡斯文的樣子，從褲兜裡掏出一根尼龍繩子，用手抻了幾下，兩三下將美年綁到了牆角那把落滿灰塵的椅子上，然後，又摸出一卷黑色膠帶，扯下一塊貼在美年嘴巴上。

周舜發了美年被綁起來的照片給顧星雲，打電話時按了擴音，他說：「李美年現在在我手裡，你最好立刻拿兩百五十萬來贖人，不要報警，否則，哼哼，就等著替你老婆收屍吧……」

沒等周舜話音落地，顧星雲就說：「無聊！要錢是吧？我馬上報警！」

周舜朝美年聳了聳肩，走過來，解開繩子，撕掉美年嘴巴上的黑膠帶，一邊揉著美年被繩子勒紅的手臂，一邊用嗔怪的語氣說：「妳看，妳這又是何苦呢？妳老公也太沒人性了！」

美年的眼淚就在這時流了下來，汩汩的。周舜抬手去擦美年縱橫的淚水，美年沒有拒絕。

事與願違

那個黃昏，美年沒有拒絕周舜的第二件事是一場突如其來的性事。

女人絕望的時候往往會做一些離經叛道的事情，美年是真的絕望了，以前她埋怨顧星雲對自己愈來愈冷淡，可她萬萬沒想到，在她被人綁架，有可能命在旦夕的時候，顧星雲居然冒著她被撕票的危險選擇報警。她不寒而慄。

顧星雲不就是捨不得花錢嘛，美年狠狠地詛咒他：人在天堂，錢在銀行。

罵完這句，她的嘴唇就被周舜堵住了，他一邊熱烈地吻她，一邊動手解開了她的衣服，美年軟軟地說了句「不要」，可是周舜不給她說話的餘地，再說她嘴上雖然說不要，身體卻無法遏制地潮溼悶熱。

美年將溼潤的舌滑進周舜的嘴裡，周舜嘴巴裡淡淡的菸草味道讓她渾身都戰慄起來。她戰慄著將自己貼向周舜，她覺得自己渾身滾燙滾燙的，急需一場甘霖。

爛尾樓裡很靜，靜得只聽得見兩個人急切的喘息聲，周舜把她抵在牆壁上，激情高漲的時候，美年覺得自己簡直被撞得七零八落。最後的一刻，美年兩隻手緊緊攀著周舜的背脊，忘情地呻吟出了聲。

她覺得，自己今天的決策太正確不過了。

綁架是美年一手策劃的，周舜也是她自己物色的。當她說出自己的想法時，周舜一頭霧水，美年笑了，說：「你沒想到吧，其實女人有時候最缺的不是錢，而是安全感，我就是想試試我老公，看看他是不是還在乎我、緊張我。請你幫我這個忙行嗎？」

好吧。周舜痛快地答應了美年。美年只是沒想到事與願違。

那個傍晚的魚水之歡稍縱即逝，美年一邊整理自己的衣服，一邊催周舜快走。

果然，在周舜離開十幾分鐘後，幾個警察趕到了，一起來的還有顧星雲，顧星雲平靜地問她：「沒事吧？」

美年與顧星雲對視了幾秒，她想從這個男人眼睛裡看出一些對她的擔心，可是，沒有。

顧星雲急切地看了下腕錶說：「妳跟警察講講事情經過，我有事先走。」

美年大吼一聲：「沒事！歹徒被你嚇跑了，能有什麼事？」

那晚美年甩給顧星雲一個冷冷的背影。顧星雲不會想到，美年的大腦已經完全被周舜充斥了，她想起周舜激情掠奪自己的樣子，覺得刺激極了。

好感

周舜看美年的眼神變得愈加熾熱。

而美年也承認自己對周舜有好感，特別是經過爛尾樓那一場天雷地火的性事，她更加喜歡他，覺得他比顧星雲強多了，雖說事業上不及顧星雲，可他關心她，會對她說一些貼心的話。而顧星雲呢？過去熱戀的時候美年沒發現他的缺點，後來才發現，這個顧星雲簡直就是個終極悶騷男，還有很嚴重的下班沉默症。

顧星雲開著一間心理診療所，生意尚可，最近幾個月總是忙得腳打後腦勺，事實上，美年已經很久沒享受到老公的愛撫了。

所以，她才想出那個歪招。

幾天後，美年去外地談生意帶了周舜同行。生意很快談妥，美年打算在這座沿海城市遊覽一番，生意夥伴喬先生義不容辭地陪同美年。那天下午，周舜說不舒服就留在飯店的房間裡。晚上，喬先生送美年回到飯店，車子停在樓下，喬先生伸開雙臂擁抱了一下美年，然後說再見。這時，從附近的樹影裡衝出一個人，照准喬先生的頭就敲了一悶棍。喬先生登時倒在了血泊裡。

美年一看是周舜，臉色都嚇白了：「你這是瘋了？」

周舜扔掉手裡的棍子，拍拍手：「誰讓他打妳的主意？我早看出他沒安好心！」

美年哭笑不得。

好在喬先生的傷並無大礙，不過，周舜卻被警方抓去拘留了半個月。

美年一個人回到公司的第十七天，中午去茶水間喝水，冷不丁地被人從背後抱住，她一驚，使勁去推，他卻愈發把她抱緊。

他的呼吸噴在她的耳根，她聽到他說：「我發現我愛上妳了，怎麼辦？」

是周舜。

美年使出渾身力氣推開他，她一字一句地對他說：「怎麼可能，我是結了婚的人！」

「結了婚還可以離婚，」周舜倒是異常淡定，「難道妳忘了那天，在爛尾樓？」

威脅

爛尾樓事件成了周舜拿住美年的一張王牌。他會在下班的時候等在美年的車旁，等她走過來就跑上去強吻她；他會要求美年去他住的地方，美年剛要拒絕，他就調大說話的分貝，嚇得美年連連答應；他會在深夜打美年的手機，然後幽幽地傳來一句：「妳和他睡了？」

美年那個恨呀，可是沒辦法，要是不依他，周舜就會脖子一揚說：「妳又忘了那次……」

美年問他究竟要怎樣，他說：「只要妳離開他，跟我私奔。」

真是笑話，美年想，哪個女人願意捨棄好不容易建立起來的安穩日子，去跟一個不著邊際的人私奔？

那天，公司裡的人都陸續下班離去，只剩下了美年自己。美年背起包準備走時，周舜不知從哪兒鑽了出來，他誠摯地說：「對不起，我知道我不該給妳添這麼多麻煩，如果妳真的不願意就算了，不過妳得答應我一個條件。」

美年如釋重負，問：「什麼條件我都答應你，你要錢？要多少？只要你不再糾纏我，多少都行。」

周舜嘆了口氣：「妳以為錢是萬能的？我只要求妳跟我去爛尾樓待一會兒，就一會兒，然後明天我就從妳公司辭職，永遠不再騷擾妳。」

看他說得認真，美年想了想，答應了。

讓她始料未及的是，一到爛尾樓，周舜就將手邪惡地伸進她的內衣裡，他喃喃道：「再給我最後一次？」

美年的身體又無法遏制地潮溼了。她閉著眼睛，任憑周舜將自己抵在角落。他就像一個驍勇的戰士，在戰火燃起的時候愈加威力無比，順勢也燃燒了美年。

她萬萬沒想到，完事後，周舜居然掏出了一根繩子，並且，將她五花大綁起來，綁好後，他問她：「妳願意跟我私奔嗎？如果願意，我們現在就走。」

美年當然說，不。周舜的眼睛裡滑過一絲絕望，然後，他帶她上了樓頂的天臺。

她憤怒地衝他喊：「瘋子，你要幹嘛？」

周舜慢悠悠地說：「別怕，這次我們不要顧星雲的錢，我要妳答應跟我走，隨便哪裡。當然，顧星雲一定巴不得妳離開他。」

你願意跟我私奔嗎

顧星雲趕到爛尾樓的時候，大廈下面已經圍了密密麻麻的人。過了一會兒，特警也趕到了，他們將槍支架起來，對著天臺的方向。美年的雙腿在發抖，她求周舜放開他，周舜慘笑一聲：「和我私奔好不好？」

美年哭了，她還不想死，她還沒有孩子，沒有孩子的人生是不完整的，她想活著。

警察用擴音器喊話，大意是讓周舜投案，否則後果自負。

周舜指著樓下的顧星雲聲嘶力竭地喊道：「顧星雲，左小丹，你們兩個狗男女，我成全你們！」然後，他嗚嗚地哭了，「可是，誰來成全我？」

美年這才注意到顧星雲身邊有個長捲髮女人，只聽周舜低聲喃喃道：「妳老公搶走了我的女友，我本來是想報復他的，可是，我是真的愛妳，我愛妳李美年！」

美年的心被憤怒和心痛占據了，她憤怒顧星雲早已背叛了自己，又心痛周舜對自己做的一切都是事出有因，而他還說愛她！

一個女人絕望的時候是真的什麼離經叛道的事情都做得出來，此刻的美年，只想去一個安靜的地方，或許，天堂裡沒有愛恨情仇吧。

她的眼前甚至出現了一個畫面，那是她嫁給顧星雲的那天，婚禮上，顧星雲信誓旦旦地對她說：「我會愛妳一輩子，永遠不會背叛妳。」

可是現在，所有的誓言都變成了謊言，她覺得人生真是充滿了諷刺。

這樣想著，她向前邁了兩步，樓下的人群騷亂了。

當她邁第三步的時候，周舜一把將她打橫抱在懷裡，喊「不要！」緊接著，她聽到砰的一聲，她和周舜一起倒在天臺上。

特警的子彈穿透了周舜的身體，他合上眼睛之前，費力地扯動唇角，問美年：「妳真的就沒愛過我？」

後來美年終於了解了事情的真相，原來，周舜患有輕微的間歇性精神病，女友左小丹不堪其擾帶他去顧星雲的診所診治，然後認識了顧星雲並投進他的懷抱。

很多年以後，美年都不敢從爛尾樓經過，她總覺得周舜就站在樓頂，笑著問她：「妳願意跟我私奔嗎？」

第三輯

愛與恨，總是陰差陽錯

婚姻如人飲水冷暖自知，生活失去新鮮感，
柴米油鹽醬醋茶讓人覺得厭憎。
所有的恨與愛，其實都是一場陰差陽錯。

大難臨頭各自飛

約定

那天，林巧打來電話，聲音有點沙啞有點疲憊：「你還記得我們的約定嗎？我來找你了。」前一句讓李賢智冰封的記憶瞬間解凍，後一句讓他差點摔倒。緩緩神，他打著哈哈說：「當然，記得記得。」

男人撒起謊來真是面不改色心不跳，事實上，三年，一千多個日日夜夜，早已物是人非，他汗顏，要不是她提醒，他早已把她忘到了爪哇國。

三年前，李賢智和林巧的戀愛遭到林巧父親的極力反對，理由是他太窮了，窮得連一套結婚的房子都沒有，在林巧割腕自殺被搶救過來之後，她看到他滿眼愛和憐惜，聽到他誓言錚錚：「給我三年時間，三年後我證明給妳看，我不是個沒出息的男人。」

林巧淌著眼淚笑著點頭，她拽著他的衣角顫聲說：「我會等你到那一天。」

李賢智狠狠地吻了她，然後大步離開。

他們約定等對方三年，三年裡，不能對別的異性有非分之想，她的心裡只能有他一個男人，而他，多看別的女人一眼都要受到良心的譴責。

為了證明愛的堅貞，他們還約定，三年期限未滿之前，一個電話也不要打。「人在做，天在看，真正的感情經得住磨礪。」李賢智應諾。

聽起來很美好，而事實卻是，李賢智來深圳半年不到，就有了路柳牆花。他承認自己對林巧不忠，可是，年輕蓬勃的身體，怎耐得住寂寥長夜，怎擋得住美人襲懷？

他只是個俗人，有俗人的七情六慾，而林巧，遠水解不了近渴。

猜測

偏僻的小旅館，李賢智推門看到林巧的第一眼，不由驚詫。她怎麼這麼憔悴，長髮散亂著披在肩頭，臉色看起來也不太好。他正思忖著，她就像蝴蝶一樣向他撲了過來。

他有些閃躲，然後，才張開雙臂迎接了林巧，畢竟，他們曾要死要活地愛過，她又跑這麼遠來找他，無論是出於人性還是道義，他都不能把事情做絕。

他們坐在沙發上，中間隔著小茶几，他打量她。忽略她憔悴的面容，她還是那麼美，褪去幾分青澀，多出幾分風情。他的手機在這時嗡嗡震鳴，他看了眼，是雪薇的簡訊：「在哪？有事見面說，今晚！」

他心虛，胡亂將手機關掉，抬眼，林巧熱辣的眼神盯牢他：「你過得好吧？」

李賢智裝作一副落魄的樣子，撣掉長長一截菸灰：「不好。」

他怎麼會不好呢？生就一副好皮囊，剛來到深圳就有女人向他投懷送抱，雪薇是第幾個，他掰著手指都數不清，目前他正和雪薇打得火熱，雪薇可以給他一切，包括男人想要的柔情和光明「錢」途。

可是，該怎麼打發林巧呢？如何讓她主動放棄，絕望而歸？

林巧朝他粲然一笑，扭進了浴室。他百般糾結地躺倒在床上，卻被林巧衣服下面的包硌了一下，他打開林巧的包，一本褐色封皮的日記本呈現眼前。他好奇，隨手翻開，然後他被震到了。

3月4日，我想殺了他。雖然殺人者抵命，但我不能想那麼多了，何況，他與我本無血緣關係。

3與9日，想殺他的念頭愈來愈強烈，要怎麼下手呢？得想個萬無一失的辦法……

白紙黑字，驚出了李賢智滿頭淋漓大汗。他眼前浮現一個驚悚畫面，畫面裡，林巧舉著一把鋒利尖刀刺向她的父親，那個男人睜著一雙驚恐的眼睛緩緩倒在血泊裡……

林巧渾身溼漉漉地從浴室出來時，李賢智正心跳凌亂。

林巧走過來，將彈性很好的胸貼向他，他的身體無法自控地異樣了。他發現，她的腰還是那麼細，臀比以前飽滿多了，頸子細滑。剛剛沐浴過的皮膚又潮又溼，宛如絲綢般順滑，他聽到她在自己耳邊囈語：「來，快點。」

原本，分別整整三年的愛人，能夠一解相思之愁的唯一途徑，非一場酣暢淋漓的床上廝殺莫屬，可那本日記令李賢智全然沒有慾望，剛剛蓬勃的身體莫名地就頹了。他推開林巧，藉口公司有十萬火急的事情，必須馬上去處理。他替她蓋好被子，溫存地抱抱她說：「乖，就在這裡等我，我辦完事情馬上回來。」

林巧看著他，眼神閃躲，這更加肯定了他的猜想。

日記

走出小旅館的大門，被風一吹，李賢智的腦袋清醒多了，他想，自己目前必須做一件正確的事情。這件事情很重要，處理得當，他不僅能順利擺脫林巧，還可以理直氣壯地與三年之約說拜拜，並且順理成章地與雪薇好下去，得到自己想要的一切。

這些，全要拜那本日記所賜。

他裹緊衣服，那本日記現在就被他揣在懷裡，彷彿一枚隱形炸彈，只等他安全引爆。

李賢智找了個網咖，挑角落坐下，掏出那本日記，從頭到尾仔細看了一遍。日記寫得並不多，但每一句都很糾結，句句都讓他毛骨悚然。

2月13日，就這樣死過去吧，活著還有什麼意義。該死的歐吉桑喝醉了酒，奪去了我的清白，我沒臉再去見自己的愛人。可是我死了，豈不便宜了老東西！

他用一隻手撐住腦袋，憤怒在胸腔裡猛烈滋生。他終於明白了，林巧之所以對她父親下毒手，原因在這裡。他想起自己和林巧相處的時候，林巧的父親，喔，不，其實是她的繼父，曾千般萬般阻撓他，那個財大氣粗的歐吉桑當著林巧的面罵他癩蛤蟆想吃天鵝肉。他是窩囊，可他真心愛林巧，他們十九歲相愛，愛了整整五年，卻因為歐吉桑的阻撓，不得不訂下三年之約。

他燃了支菸，眼前又浮現出林巧憔悴的面容、閃躲的眼神。

他突然覺得林巧很可憐，她是那麼愛自己，愛到願意為了他不惜殺人。一想到手無縛雞之力的她渾身顫抖著舉起屠刀，他的心就不禁一顫。

愛是一劑毒藥，愛上一個人，如同染上難以根治的毒。林巧的災難不止於愛，還在於她現在愛的男人——李賢智——已經移情別戀，而她還矇在鼓裡。

最後一篇日記字跡潦草，顯然，林巧已動手了，她寫道：

「終於解脫了，如果今日的荒唐能夠換來和愛人短暫的相聚，我想，我值得。」

他打開網頁，在那座熟悉的城市的新聞網站上，搜到了一則新聞：繼女因家事將撫育自己多年的繼父毒死，嫌疑人潛逃，警方正全力緝拿凶手。

李賢智掐掉菸，關掉網頁，起身，有種如釋重負的感覺，胸口同時又悶得慌。無法疏解的悶。

報案

天已擦黑，李賢智這才想起了雪薇，她說有急事要見面說，莫非她同意嫁給他？要知道，他追雪薇已經追了半年，要不是看在她家財萬貫，家族企業能給自己一個飛黃騰達的機會，他怎麼會在她身上耗費如此長的時日？

那是一個盡興的夜，雪薇像藤一樣緊緊纏著他，一次又一次，最後一次做完她哭了，涕淚橫流地一邊吻著他，一邊說：「對不起，我愛你，可是門不當戶不對的婚姻是得不到父母祝福的，我已經同意了家裡安排的婚事。」

猶如被一盆冷水兜頭澆下。李賢智愣怔當地，然後，摔門離開。他很憤怒，甚至把霉運歸罪到林巧頭上，他猜測，會不會是雪薇發現了什麼？她在這座城市熟人很多，難道有人看見他去了那家小旅館，通知了雪薇，她是在考驗他？

他想，等辦完正事，他一定會向雪薇解釋清楚，然後重獲芳心。他走在凌晨微涼的風裡，不知走了多久，天邊漸漸露出晨曦，街頭已有晨練的老人在抖空竹。他定了定神，拽了拽衣領，朝派出所走去。

三年前林巧說過，人在做，天在看。現在他的劈腿已遭報應。已經壞到如此地步，也絕不可能更壞了，他決定，不做包庇犯，否則，等待他的說不定會是法律的制裁。

他把帶著體溫的日記本交給值班的警察，一板一眼地解釋道，他知道這個女逃犯在哪兒，現在就帶他們去抓獲犯人歸案。警察仔細察看了日記內容，又和案發城市派出所迅速取得聯繫，經過案件確認，他們讓李賢智帶路，李賢智低聲說：「我不想露面，不希望見到那個女人。」

他不敢見林巧，不敢。

◆ 誤會

李賢智遠遠地躲在樹後，眼睜睜地看著林巧被荷槍實彈的警察押上警車，她的長髮更加凌亂了，面色也愈加憔悴，她左右顧盼，他知道她是在人群裡找他，有那麼一瞬間，他的心有點疼。

在最不懂愛的年紀，他愛過她，她或許更愛他，否則，她不會在十九歲的時候，就把自己完全交付與他，否則，她也不會因為家裡的阻撓，而把自己逼上絕路。

愛有時的確會矇蔽人心。

警車呼嘯遠去，在車後揚起的乳白色灰塵中，李賢智像個傻子一樣站了好半天，一動不動。然後，他隨便走進一家酒館，要了兩瓶燒酒，一盤冷拼，開始灌酒。

他必須喝醉一場，才能忘掉些什麼。

下午三點，李賢智的手機響了，對方讓他快速趕到派出所。他醉眼迷離趕到派出所辦案大廳，卻看到林巧好好地坐在那裡，警察不住地點頭哈腰向她道歉。

什麼狀況？李賢智有點懵。

中年警察不客氣地說：「因為你報假案，我們才冤枉了好人，那本日記是這位女士撿的，快向她道歉吧。」

他看向林巧，林巧的眼睛像兩把鋒利的刀子，正刺向他。

街頭人潮洶湧，林巧淡淡說：「我父母同意我們的婚事了，還買好了房子，讓我找你回去，現在看來，沒必要了。」

她在他的視線中愈走愈遠，淹沒在人群中，再也找不見。李賢智頓時酒醒，蹲下身，一陣鈍痛自心臟襲來。

愛恨總是陰差陽錯

◆協議

抵達瀋陽的第二十八天，我與唐力達成一項協議：只要我把林愛帶走，他就給我五十萬。

唐力鬍鬚茂盛，眼神呆滯，頹敗的樣子嚇住了我，他重重吞下一口煙，將一張金融卡按在我手心：「兄弟，只有你能幫我。」

這是怎麼回事？一個是我曾經最好的朋友唐力，一個是我的初戀女友林愛，現在，他要把當初從我身邊奪去的女人送還給我，還附帶一張金融卡。

這傢伙是不是在跟我開玩笑？說實話，我有點懵，以為這世界瘋了，或者，唐力瘋了。再說，他憑什麼以為他不要的女人我就會要，我又不是聖母。可是唐力言辭異常懇切，他說他一直以為他愛林愛，現在才知道當初不過是為了爭奪時的快意，現在，他疾病纏身，卻愛上另外一個賢良淑德的女人，那女人和他是病友，她嫵媚多情，他愛她，愛得無法自拔。

他們相愛，並且約定一起死。

「只要你能讓林愛心甘情願跟你走，去很遠的地方，永不回來，這些錢，算我給你的補償。」

我撫摸著那張薄薄的金融卡，唐力說裡面有二十五萬，事成之後他會再匯二十五萬進去。

這件事至少說明，我一直嫉妒，整天巴望著天上掉塊石頭砸死他的這個男人，這幾年過得比我好。他除了有林愛，還有數不清的路柳牆花，他甚至有很多錢，能用錢將一個女人占為己有，也能用錢讓那個女人滾蛋。

我不知道如果林愛聽到這番談話，會不會吐血而亡，會不會將唾沫吐到我或者唐力的臉上，順便飆上一句，不要臉。

一定會的，我猜。

我告訴唐力，給我時間，容我考慮。

重拾舊愛

林愛還是那麼美，除去眉宇間些微的憂鬱，歲月並沒有在她的臉上留下任何痕跡，相反，褪去幾分青澀，多出幾分風情，她的腰很細，臀很飽滿，頸子細滑。

我想像著她皮膚的觸感，一定宛若絲綢般順滑，她的胸脯一定非常有彈性，我的眼睛甚至一件件剝開她的衣服，探到最裡面，肆意妄為。

她迎著我火辣的眼睛，眼神閃躲：「這幾年，你過得好吧？」

我撣掉長長一截菸灰：「不好。」

事實上，在遇見唐力之前，我過得真的不好。我以為失去林愛，自己會愛上別的女人，可是當輾轉過三五個女人之後我才發現，內心深處，我仍然想念林愛，仍然對她不死心。那種感覺就像明明到手了一塊蜜糖，卻被別人搶去含進嘴裡，自己只能眼睜睜地看著卻無能為力。

於是我接受了唐力的提議，並在他的幫助下，偶遇林愛。

林愛先是驚詫，繼而笑了。她的笑很好看，如一縷漾著暖意的春風，拂過我的心頭，癢癢的。

我邀她走進巷子深處僻靜的茶館，點了兩杯雀舌，裊裊的蒸汽濡溼了我的眼眶，我問她：「我們還有可能嗎？」

「沒有。」她的回答很堅決。

女人就是決絕，當她不愛一個男人時，心就會硬成一塊冰。我想起五年前的最後一面，那天，天冷得異常，有零星的雪花從陰霾的天空墜落，林愛躲在我懷裡跟我發誓，誰變心，誰就死無葬身之地。

我當時很感動，用唇堵住了她的唇。可是發過誓的第三天，她就跟唐力跑了。

這就是我的愛情，有始沒有終，未曾盛開就已枯萎。舊愛重拾是恩寵。

況且，我和唐力有約在先，再加上我真的想和林愛重敘舊緣，所以，我打開包，掏出一沓照片鋪在林愛面前。林愛的眼睛瞬間直了，她手指顫抖著翻看那些照片，眼淚漫無邊際地湧出來，很洶湧，我從未見過那麼多的淚水從一個人的眼窩裡流出來。

所有的照片都很香豔，照片裡唐力摟著一個風騷的女人，親吻、撫摸、重疊，赤裸裸的鏡頭顯然刺激了林愛，她戰慄著將照片推給我，眼神瞬間空洞，她說：「陳子洛，我們去哪兒？」

✦ 難忘往事

飯店的暖氣開得很暖，林愛的淚水早已乾涸，她拿過我的菸點了一支，嗆得連聲咳嗽。我勸她，為這樣的男人傷心，不值。

林愛不說話，扔掉菸蒂，魚一樣滑進我懷裡。她沉默著，撲騰起白色的浪花，那些浪花狠狠打在我身上，讓我雀躍，歡喜。我將她用力揉進我的身體裡，那一刻，我真想死去。

沉默對決，喘息也壓到很低。我想起了一些回憶的碎片。那些碎片裡，林愛穿著白色的純棉裙子，像一朵清新的荷花，攫取了我柔軟的心。我們愛得死去活來，曾經我問過林愛：「妳會不會嫌棄我家境不好，不能給妳想要的榮華富貴？」

林愛罵我傻瓜，她說，她愛的是我這個人，不是錢。

可是人人都說，女人都是現實的，沒有哪個女人會看上一個只有愛、沒有錢的傻瓜。

後來，林愛的母親生病，手術需要幾十萬，林愛天天哭，我看著她肝腸寸斷的樣子，卻無能為力。喝酒的時候，我將林愛的事情告訴了最好的兄弟唐力。我真蠢，明明知道唐力對林愛也有那麼點意思，只是礙於我們的關係，他才不敢去接近林愛。

然後，事情變得無法掌控。唐力替林愛母親交了所有的醫療費，他的條件是，他要林愛。當他向我攤牌的時候，我沉默了，像一頭困獸，找不到出路。

是我親手將林愛推進了唐力的懷抱，我不是男人。

可是，誰讓我愛她，愛一個人，就是讓她幸福，我要林愛幸福。飯店的壁燈昏黃搖曳，我們像兩條堅韌的藤一樣緊緊纏在一起。後來，林愛甚至將溼潤的舌滑進我的嘴裡，她渾身滾燙滾燙的，不停地向我索要，似乎要將我的身體掏空才罷休。

走出飯店時，陽光明晃晃地射過來，我說：「走吧，離開這裡，我們去另外的城市安家落戶，生孩子，過日子。」

我以為林愛不會出爾反爾，半個小時前，她明明已經答應跟我走，可是轉眼，她卻猶豫起來，她說：「不，不，不。我不能放下唐力，他是我的救命恩人。」

◆錢非萬能

我幾乎使盡了蠻力，才將林愛弄回我臨時租的房子。

自從進了門，她就一直在哭，哭得我心亂如麻。我吻了一下她的臉頰說：「要不，我陪妳，我們去見唐力一面。」

我跟在林愛身後，穿過逼仄的弄堂，找到唐力住的地方。敲開門，唐力居然還在。他正在收拾行李，看來，只要我們晚來一步，唐力就會玩失蹤。

林愛撲上去，歇斯底里地纏住唐力，在他肩膀上啃、咬，淚水稀裡嘩啦。唐力也不躲閃，就那樣任著她撒野，然後將求救的眼神拋向我。

我無動於衷。

我看著林愛雙手吊在唐力的脖頸上，看著她淚流滿面地去吻他的嘴唇，心裡很難受。於是我起身，去了儲物室。儲物室裡亂七八糟，我翻找了半天，才找到一根結實的麻繩。我甚至用之前演習過無數次的手法，做了一個活套。

就在林愛和唐力吻得天崩地裂的時候，我用那條麻繩束縛了唐力。

他們的嘴唇終於分開。唐力頹敗地垂下雙手，坐在地上。林愛不明所以地看著我，顫抖著聲音問我：「陳子洛，你瘋了？」

「我沒瘋。」我冷冷地回答，「這世界，善有善報，惡有惡報，犯了法，就要伏法。唐力，不要逃了，來不及了。」

說完這句，我清晰地看見一抹絕望從唐力的眼睛一閃而過。他喃喃道：「你是為了那十五萬塊懸賞嗎？我可以給你更多。」

我輕蔑地從兜裡掏出那張金融卡，將卡扔到唐力臉上：「錢，不是萬能的。」

是的，沒有人知道，失去親人的感覺有多痛苦。

無法恨你

五年前，唐力與林愛私奔的前夜，在我們住的那座小城，發生了一起命案。

那是個瀅瀌瀌的雨夜，殺了人的唐力，帶著我愛的女人林愛，從此銷聲匿跡。死者是我的弟弟。那個雨夜，我喝醉了，在家裡耍酒瘋，弟弟安慰我說去找林愛，一定替我把林愛帶回來。或許他以為，愛過的人會心存善念，林愛會回心轉意。

後來發生了什麼我不知道，或許是言語不和發生爭執，或許是他想憑藉暴力將林愛帶到我身邊。

我只知道，當我冒著大雨找到弟弟的時候，他已經奄奄一息，他的胸口插著一把匕首，他用僅存的力氣說了一句：「你真的愛她嗎？」

我來不及回答，眼睜睜看著他闔上雙眼。當時的我心碎如刀割。

大雨沖刷了必要的證據，唯一的目擊者也沒看清罪犯的模樣。而唐力與林愛，自以為神不知鬼不覺，在那個雨夜，離我而去。

我開始流離失所。我走遍每一座城市，尋找唐力。警察局貼出了對唐力的通緝令。憤怒在我的胸腔裡日復一日愈演愈烈，我不信，天網恢恢，他能逃到天邊。

這是我抵達的第二十八座城市，當我啃著饅頭，走出火車站廣場的時候，我看見了唐力。他笑了，那笑帶著一些疲倦。

「你終於來了。」

然後，在我得知他會自首，我能夠重新擁有林愛的時候，我同意了他的提議。

衣不如新，人不如舊，男人對舊愛都會有割捨不斷的感情。我同樣。

我用繩子將唐力捆得很結實。

唐力的眼神黯淡下來，又似乎有了一些神采。他說：「兄弟，對不起。」

說什麼對不起呢，我隨手扯過一條枕巾，塞住了他的嘴巴。然後，我摸出手機，準備撥打110。

就在這個時候，我只覺得腦門一熱，似乎有千鈞之力向我的腦袋壓過來，我就像一條束口袋一樣，軟軟倒了下去。

林愛蹲在我面前，手裡舉著一根很粗的木棒，說出了一個天大的祕密：「五年前的凶手是我，唐力為了救我，每天擔驚受怕，陪我浪跡天涯，沒想到還是被你找到了。」

我終於知道，唐力跟我說的全是謊言。可是，我居然無力恨他，或者她了。

一個男人，肯為一個女人抵罪，將命賠上，這需要多麼深的愛。我頭痛欲裂，眼睜睜看著林愛手忙腳亂地替唐力鬆綁，看著他們提起裝滿衣物的箱子，從我身邊走過去，攙扶著離開。

這是我的第二十八座城，也是最後一座城，我數著1、2、3……28，疲憊地嘆出一口氣。

你，只能屬於我

第五個男人

蘇桃站在我面前，精緻的妝容被她雙手叉腰的母獅子形象毀得一乾二淨，沒等我回過神，一沓印刷品朝我劈頭蓋臉摔過來：「張粼，你幹的好事！離婚就離婚，用這些下三爛的手段毀壞我的名聲，你還要不要臉？」

薇敏聽到吵鬧，從臥室走出來，嬌滴滴地讓我幫她扣上文胸搭扣，又扭著肥臀進去穿衣服。再出來，踮起腳在我嘴唇上「叭」一個響吻：「親愛的，我走啦。」

蘇桃愣了一下，她可能沒想到我屋裡會有女人，薇敏的出現顯然打擊了她撒潑的力度，她的聲音頓時低下去好幾個分貝，質問我：「是不是你幹的？」

我彎下腰撿起其中一張，看完，愣了幾秒，然後捧腹大笑。手裡的A4紙用一號宋體列印著一段話：

蘇桃的第五個男人

蘇桃妳究竟想怎樣？為了和妳在一起我背上了拋妻棄子的罵名，可妳跟我顛鸞倒鳳才一月有餘，又搭上了一個賤男，他有什麼好？比我有錢？他能容忍妳囂張跋扈的個性？他一晚上能和妳做三次？妳這個狐狸精害慘了老子！

白紙黑字，字字怨恨。從其字面意思，我睿智地分析，這個被蘇桃玩過又甩了的男人，因為迷戀蘇桃天使的面孔、魔鬼的身體，極不甘心蘇桃投入他人懷抱，數次糾纏無果，便用此無賴手段發洩胸中怨懟以求心理平衡。

我笑得停不下來，直到蘇桃用一聲尖厲的怒喝打斷我。我這才聳聳肩，用極其無辜的語氣斬釘截鐵地告訴她：「一，這事與我無關，愛找誰鬧就找誰鬧去；二，我和妳離婚了，目前新的戀情如火如荼，請不要壞我好事。」

我開門請她出去，蘇桃突然就哭了。

越滾越遠

我最怕女人哭，特別是蘇桃，哭起來梨花帶雨讓我心疼。我倒了杯水給她，讓她坐下，然後聽她講述了事情的來龍去脈。

她說，一大早她準備去她的服裝店開門營業，可是一下樓就察覺好多人在朝她指指點點，沒等她多想，她的耳朵裡飄過來一個尖細的聲音：「哇，第五個男人啊，平時看起來挺正經的，沒想到是個騷貨，大家都留神點把自家男人看緊別讓這狐狸精禍害了……」

蘇桃一扭頭看到樓房的外牆上，零散地貼著一些白得晃眼的告示，小區另外幾棟樓也同樣，全是第五個男人的控訴。她頓時渾身篩糠般顫抖起來，厚著臉皮在小區裡搜索，直到把所有的告示都撕了下來。她認定幹這種沒皮沒臉的事情的人非我莫屬，於是跑到我這裡來鬧。

我指著自己的鼻子問她：「蘇桃，在妳眼裡我就這麼混蛋嗎？我是混蛋過不假，但也不能代表我一輩子就是個人渣！」

蘇桃見我義憤填膺，止住了哭泣，問我：「既然不是你，你說會是誰？我又沒招誰惹誰，他幹嘛要壞我名聲？」

她那兩片性感誘人的紅唇在我面前翕合，風情萬種。我將目光停留在她鼓脹的胸部，身體某處即刻脹硬，酸溜溜地說：「我們離婚後，妳都和誰在一起了？」

蘇桃緘默了，她是無話可說。

和我離婚後，她一天都飢渴不得，沒過多久就和一個大她八歲的男人交往了。那個男人住火車站附近，是個開茶館的小老闆，每天開著一輛二手汽車去服裝店接蘇桃吃飯或者去酒吧。蘇桃見了他，眼角眉梢都是風情。每次跟蹤到最後，總能看見小老闆跟著蘇桃走進14棟的樓道，我只好咬牙切齒恨恨而歸。

賤人！一想起蘇桃和那個男人重疊在一起亢奮激昂互相攻占，我就妒火中燒。我將她猛然壓倒在沙發上，她拚了命掙扎，茶几上的菸灰缸被她一腳踢到地上發出響亮的碎裂聲猶如協奏曲。

不得不承認，我和蘇桃在性事上的確磨合得極佳，可惜我這個提不上臺面的貨色有了她還不夠，又三番五次地在外面偷腥。最後一次被蘇桃抓姦在床之後，她靜靜地看著裸著身子的我和我的野女人，淡定地說了句：「張鄰，我們走到頭了，我無法和一個混蛋繼續過下去。」

那是她第一次叫我混蛋。

生活把人磨得越來越圓，是為了讓我們滾得更遠。因為蘇桃對我下的混蛋的定義，我果斷地滾出了她的世界。失去她，我會得到更多的女人，這未嘗不是好事。

尋求真相

蘇桃隔了一週再次來找我時，我剛剛和薇敏結束了一場品質極高的床上運動。蘇桃這次沒再撒潑，等薇敏走後她愁容滿面地拿出一沓紙，說又有人騷擾她，她快要瘋了。

我一看，這是第六個男人聲情並茂的控訴：

蘇桃，我愛妳，我用我的生命和我強健的身體愛妳。不管妳以前有過多少男人，我願意成為最後一個。可妳太傷我心了，妳怎麼能和那個才十八歲的男人上床？他算男人嗎？他懂不懂妳的興奮點在哪兒？他會不會繳槍太快？是妳教會他做愛的吧？妳怎能這麼不知羞恥！

蘇桃的第六個男人

我一直認為蘇桃很良家婦女，回想起，和我結婚的那幾年裡，她是那麼熱衷於做一個整天圍著鍋臺轉的主婦，就連晚上親密大多也是由我發起，起先她是生澀的，後來在我的啟發下才漸漸熟諳男女情事。不過，她太保守了，不懂男人出去嘗個鮮再尋常不過，完全沒必要較真。可她就較真了，她的理由是：「一個良家婦女怎麼能和一個混蛋相得益彰過一輩子！」

現在看來，當初的良家婦女在離開我的一年裡已經發生了脫胎換骨的蛻變，從我所知道的她的第五個和第六個男人的控訴看來，蘇桃完全可以被貼上表面賢德內心放蕩的標籤，而且，她的男人已經不止六個了，這讓我敬佩且嫉妒。

我色迷迷地看著她胸前裸露的一小片春色，打趣道：「妳行啊，老婆，老少齊上，口味不輕嘛。」

蘇桃頓了一下：「你喊我什麼？老婆？」

我也愣了一下，離婚這麼久，還是習慣喊她老婆。我又開始臆想，假如我能安守婚姻不去拈花惹草，假如我們不曾離婚，現在該是多麼琴瑟和鳴的一對。

蘇桃打斷了我的臆想，用乞求的口氣跟我說：「你能不能，幫我抓到貼告示的人？我沒有那麼多男人，我懷疑這是誰的惡作劇，我已經快要瘋了，一個女人出門就被人戳脊梁骨罵蕩婦的日子真的不是人過的，你幫幫我好不好？」

我靈光一現，恬不知恥地跟她提條件：「如果我抓到了那個人，妳得補償我。」

蘇桃漲紅著臉罵我：「你還要不要臉？真混蛋啊，張鄰，你個死性難改……」

我用唇堵住了她下面的髒話，她在我懷中大力扭動掙扎，然後像只受驚的靈貓一樣逃出了我的魔掌。她在出門的一剎那，回頭衝我喊：「我答應你！」

因為愛情

我在蘇桃樓下蹲守七天，可是根本沒什麼男人出現。第八天我有點氣餒，才十二點就打算打道回府。這時，一輛白色的車「嘎」一聲停在離我不遠處。藉著昏黃的路燈我看清了，從車上下來摟著蘇桃的男人是茶館老闆，他們相擁著上樓，然後我看見蘇桃家的燈亮了又滅了。

他們在做愛嗎？憤怒充斥了我的胸腔，我衝過去準備上樓敲門，忽然旁邊閃出一個黑影，鬼鬼祟祟地往牆上貼東西。我大喝一聲朝黑影撲過去扭打在一起，沒想到突然冒出來四五個人，他們一通拳打腳踢惹來了小區的保安和看熱鬧的鄰居後一鬨而散，而我終因寡不敵眾倒在血泊裡。

蘇桃在這個晚上再次成了輿論的焦點。那幾個男人貼在小區各處的告示香豔地寫道：

蘇桃姐，我一直以為我把自己的第一次給妳，就會和妳白頭到老，沒想到妳奪走了我的

處男身後這麼快又有了別的男人，妳怎麼能這樣欺騙一個愛妳的小男人？我無法想像妳成熟如一枚秋果的身體在別的男人身下搖曳生姿，妳愛他嗎？妳不是說過妳愛我的嗎？是嫌我滿足不了妳的情慾嗎？

蘇桃的第七個男人

所有人都在唏噓，「賤貨，娼婦，不要臉」各種汙言穢語狠狠地砸向蘇桃，茶館老闆揚手扇了蘇桃一個響亮的耳光，決然離開，轉身前留下一句：「妳這麼風騷，我可不敢娶妳做老婆。」

蘇桃像個木樁一樣在原地站立良久，淚水，終於順著她漂亮的臉頰流淌下來。她蹲下身子扶起我，在圍觀者的竊竊私語中將我扶上樓。

漫長的一夜，蘇桃一直在哭泣，我坐在她身邊，抽了很多菸。天邊亮起晨曦時，她問我：「我現在名聲壞了，張鄰，你敢要我嗎？」

我熄滅菸頭：「除了殺人，我啥不敢？」

她再一次哭了：「那就帶我離開這個鬼地方，我和你復婚。」

這個世上再沒有比我更無恥的男人了，蘇桃所遭遇的一切全是我的傑作，貼告示，和薇敏搞曖昧，找熟識的混混暴打自己，都是為了把戲演得更逼真。

理由只有一個，我愛她。

她因為我是一個混蛋而離開我，可我在離婚後突然良心覺醒，不想再做一個混吃等死的混蛋了。我覺得正常人的生活很美好。

我愛她，卻只有把她變成一個人人不齒的蕩婦，讓她走投無路，才能重新擁有她，重新去愛她。

我是不是有點混蛋？

愛為局，情作餌

朋友有難

翁珊珊長得並不好看，而且胸小得可憐，據我目測，B罩杯都不一定能撐滿。唯一的亮點是一雙水汪汪的大眼睛和網路上流行的錐子臉。

可是她卻絲毫沒有自知之明，甚至狐媚得有點騷，將半個身子掛在陶立身上，一副花痴相。我剛踏進包廂，她就花蝴蝶一樣朝我飛過來，一口一個張哥地叫。

我很奇怪，我跟她熟嗎？後來觥籌交錯了半晚我才洞悉其中緣由。陶立用被酒精醃大了的舌頭跟我提貸款的事，他說：「你一個堂堂信貸科主任，一千五百萬還不是小菜一碟，可是我沒這筆錢，輕則斷腿、重則要命啊。」

陶立的眼睛裡是我從未見識過的諂媚。

這讓我很受用。旁邊翁珊珊的臉上也堆滿了諂媚的笑容，同時她還將低胸衣向下拉了拉，她那並不飽滿的胸在鋼圈胸罩的作用下居然還擠出了一條淺淺的乳溝。

我差點噴出一口酒來，因為我想起了一句話：「擠擠還是有的。」我知道，陶立這兩年放棄公務員的鐵飯碗而去做了一個包工頭，剛開始賺了不少錢，後來收購了一棟爛尾樓，橫財沒發，施工倒出了事故，搭進去幾條人命，賠得傾家蕩產。

判斷一個男人混得好壞，只要看他身邊的女人即可。想當初陶立把誰都不放眼裡的時候，他身邊美女如雲，如今混得不行，美女相繼散去，不知翁珊珊是不是腦袋被門板夾了，居然看上陶立這種朝不保夕的貨色。

我很猶豫，論私情，我和陶立是多年的酒肉朋友，這個忙該幫。可是他連個能抵押的房產都沒有，我又不能幫。

我很頭痛。

酒至酣處，陶立去了洗手間，在那幾分鐘時間裡，翁珊珊做了一個大膽的舉動。

她拿過我的手放在她的胸前，揉了揉。

我無恥地察覺到，翁珊珊的胸雖不大，但是很堅挺。我做賊一樣趕緊將手抽離，翁珊珊狐媚地笑了一下。此刻，我唯一能給出的答案是，這個女人，她不是瘋了就是喝多了。

平素酒量在我之上的陶立居然不勝酒力，被兩個小跟班抬了回去。幾分鐘後，我發現陶立的手機落在飯桌上，便追出去，結果被飯店外面正在發生的一幕搞懵了。

陶立雙手扶在翁珊珊瘦骨嶙峋的肩膀上說：「妳怎麼還死皮賴臉地跟著我，我又死不了！」

翁珊珊幾乎要哭出來，在陶立決然地扭頭走掉之後，她撒腿追上去，試圖挎住陶立的手臂，卻被陶立大力一揮，撲通一聲摔在地上。看見我後，陶立越發猖狂，一耳光扇在翁珊珊的錐子臉上。瞬間，她的嘴角淌下來幾滴嫣紅的血，在路燈的照耀下，異常奪目。

陶立抬腳準備踢向翁珊珊的時候，我一把將他推開，嫌惡地將手機扔給他，轉身走掉。

我最恨對女人動手的男人。對女人動手至少說明兩點，一是他不愛她，二是他愛她愛到了骨子裡。

陶立到底是愛翁珊珊還是不愛，與我無關，我要趕在夜裡十一點前打電話給出長差的女友小曼。

我很愛小曼，想盡快娶她，可小曼一直在推脫——女人，真的很難捉摸。

✦ 噩夢

夜裡十一點半，有人輕叩防盜門，咚，咚咚。很執拗。

這個點，會是誰？

從貓眼看出去，是一個長著錐子臉的女人。我刷地拉開門，翁珊珊揚起臉可憐咀嚼地說：「我，能不能在你這裡借宿一晚？」

我倚著門迅速釐清狀況：一，她是陶立的馬子；二，我正在追小曼，不能有任何抹黑潔身自好形象的行為。

所以，我應該委婉地拒絕。

翁珊珊看出了我的為難，低聲下氣道：「陶立不知犯了什麼邪，我一回去他就動手，可能，是最近被錢愁的……」

我斜睨著她，這個女人，就像一隻慘遭主人遺棄的貓，惶恐，不安，裹著一件單薄的連衣裙，抖抖索索地站在我面前，等待我的仁慈和收留。

男人的惻隱之心突然爆發，我閃開身，把她讓進屋內，指著臥室說：「喏，妳去睡吧。」

她猶疑地看著我，我又補充一句：「我睡沙發。」

她的大眼睛裡馬上就蓄滿了一種叫做感恩的東西。然後，乖乖地走向臥室。

半夜，我做了一個噩夢，小曼被黑衣人挾持了，我深一腳淺一腳地向小曼追去，卻掉進了萬丈深淵。我掙扎著哭醒，翁珊珊的錐子臉離我只有十公分的距離。

她小心翼翼地說：「你一直在喊，我就過來看看。」

我沉浸在噩夢裡，渾身被冷汗浸溼。翁珊珊再一次抓住我的手，這次，她沒有按在她乾癟的胸前，就那麼握著，眼睛看著我。

她說：「其實，我不愛陶立。」

狗屁！我暗罵。一個女人如果不愛一個男人，她就不會對他的冷漠無情在意，也不會為他的水深火熱擔心，我覺得她在撒謊。可是，她撒謊的目的何在？

沒等我多想，我聽見鑰匙在鎖孔裡旋轉的聲音，靜謐的凌晨，那聲音很清脆。

✦ 屋漏偏逢連雨天

我跳起來朝門口撲去，不偏不巧，撞倒了翁珊珊。更離奇的是，我收不住腳一下子撲在她身上。

然後，小曼就看到了這精采一幕：翁珊珊裙子凌亂，我的手搭在她乳尖上，沙發上的靠墊凌亂至極。小曼氣得渾身發抖，指著我的鼻尖罵道：「張志，你個忘恩負義的東西，膽子夠肥啊，居然把小破鞋領到家裡了！」

我縱有一百張嘴也解釋不清，倒是翁珊珊不急不忙地爬起來爭辯，不是那樣的，我們沒有……

小曼看也不看翁珊珊一眼，打開門，吼道：「滾！」

翁珊珊臨出門前對我說了聲對不起，然後，再次像被遺棄的貓一樣地走了。

一直到天邊亮起晨曦，小曼仍在不依不饒地討伐我，她一會兒用抓住男人小辮子的氣勢痛罵我，一會兒又哭著問我：「張志，你說這輩子只愛我一個，難道你忘了嗎？前陣子你還向我求婚，你這樣的人我敢嫁嗎？」

她用拳頭打我，用腳踢我，不容我解釋。

我使出蠻力，將小曼弄進臥室壓在床上，我想，必須透過一場同仇敵愾的性愛來求和了。我撕去她的衣服，準備霸王硬上弓，沒想到在我準備挺進的時候被她大力從身上推下來，她低聲道：「噁心！」

我一下子頹了。

我筋疲力盡，決定保持沉默。清者自清，我不想再做無謂的解釋，如果她愛我，那麼等她消了氣，再辯解不遲。

然後我歪在沙發上睡了過去。

可是我太天真了，清晨第一縷陽光刺醒我的時候，我發現茶几上放了一張便箋，上面寫：分手！

在我睡著的半個小時裡，小曼以極快的速度拿走了她所有值錢的衣物，甚至，不肯等我醒了親口對我說再見。

女人，狠起來真的甚於男人。

我發誓只要再見到翁珊珊，一定會對她不客氣，因為是她毀了我在小曼眼裡的清白。小曼在那天清晨離開之後，迅速換了手機卡，像三分鐘熱風，離開了我的世界。

曾經的愛，像肥皂泡一樣華麗炫目，如今也像肥皂泡一樣破滅，無蹤。

我很是頹廢了一陣子。兩週過去，陶立再次來找我，一見面就問貸款的事怎麼樣了。他捂著纏著白紗布的腦袋，幾乎要向我下跪。原來，前幾天，陶立再次被債主堵在路上，他們打破了他的腦袋，還揚言，如果再見不到錢，就讓他死無全屍。

「你得救我，張志，我們好歹曾經是同一條繩子上的螞蚱。」

他拿出了一紙複印文件，上面赫然顯示著我們之間的一場齷齪交易。兩年前，我曾被陶立引誘，私挪五千萬公款在他的公司做投資，那一次，陶立分給我四百萬盈利。

我知道，他這是在威脅我。

可是人生從來沒有後悔藥，我只能點頭：「明天。」

都是套路

晚上，翁珊珊再次頂著那張錐子臉敲開了我的門。我怒不可遏地將她拉進來抵在玄關處，她的臉離我很近，那兩片嫣紅的嘴唇像一隻新鮮的草莓，誘惑著我。

沒等我開口，翁珊珊先問我：「你為陶立貸到款了？」

「明天。」

我能怎麼樣，被人捏著小辮子，只能用自己這棟新買不久的房子做抵押，再用些小手段。我必須孤注一擲，此後，我和陶立就兩清了。

翁珊珊急切地說：「千萬不要，他在騙你！」

我用手托起她尖俏的下巴：「嗯？」

從翁珊珊的嘴裡我得知，她勾引我，在我家裡故意製造那場緋聞，都是陶立一手安排的，因為陶立和一個叫林小曼的女人決定拿著我給的五百萬，逍遙他鄉。

翁珊珊囁嚅了一下嘴唇，說：「他答應事成之後給我二十五萬，這是我兩年才能賺到的數目……」

我的腦子鈍了一下。

我加重了手上的力道，問：「妳說的都是真的？」

翁珊珊掙扎著說：「那晚你沒非禮我，我發現你是一個好人。所以，我不想繼續騙你了，那二十五萬，我也不要了。」

她從口袋裡掏出一頁紙，「這是我從陶立包裡偷來的，不知對你有沒有用？」

原來，一切都是陶立苦心安排的，包括他在飯店外打翁珊珊，包括他頭上的白紗布。可是，小曼是什麼時候投向他的懷抱的，我不得而知。

我用了一分鐘的時間瞪視翁珊珊，那一分鐘裡，我想起初識那天，她將我的手拿過去放在她的胸前，使勁揉了揉；我還想起，那晚，她對我說，其實，她不愛陶立。

可她畢竟騙了我，我一直以為她真的是陶立的女人，所以，我在她誘惑我的時候保持了該死的矜持。我想，我必須懲罰她，懲罰的方式是要勇猛點呢，還是溫柔點？

此刻，我只想做愛，我的身體像埋了一根火線，燒灼得厲害，急需點燃、爆發。

我抱起她，她的錐子臉突然蕩起了兩團緋紅，狐媚地在我耳邊問：「你要——幹嘛？」

誰不心懷鬼胎

找個安靜的地方去死

我找了一家房屋仲介，在社區租下一套房子。房間陳舊，可是沒關係，我只是想找個安靜的地方去死。

第三天，我拖著兩隻大箱子來到17棟305號。當我哼哧哼哧爬上三樓，靠在牆上喘氣時，後面跟上來一個男人，他站在我面前，用探詢的目光看著我。我最討厭陌生人搭訕，何況這個男人不是很帥氣。於是我轉過身去開門。

男人在我身後說：「妳擋到我的路了。」

我回轉身子將箱子往對門的門邊扯了扯，讓出一條道給他，同時，憋出一絲禮節性微笑。

「唔，我要去的是這裡。」他用手指了指306。

這次我真的有點不好意思了，原來是對門的男主人，說不定以後低頭不見抬頭見呢，我一邊說抱歉，一邊伸手去提箱子。男人用一個優雅的手勢制止了我：「我幫妳。」

他輕鬆地將兩隻箱子搬進305，巡視了一下屋內，朝我露出八顆牙齒的標準微笑，說：「有什麼需要幫忙的，歡迎隨時打擾。」

我想，這個男人真好，至少，比我的男人要熱忱許多。

莫非男人都一個德行，在外恨不得使出渾身解數討女人歡心，而面對家裡那個一成不變的女人時，總是各種厭煩、各種痛恨？

我想，也許是吧。

對了，我差點忘記介紹，我還帶來了萌萌，它是一隻貓，純種的波斯貓。在陌生的房間裡，有它陪著，不算寂寞。

◆離家出走

大前天半夜我和杜威吵了一架。好友說我是吃飽了撐的，說為雞毛蒜皮的事情吵架很容易吵涼男人的心。可我真的受不了。那晚我起夜，在洗手間四仰八叉摔了一跤，原因是杜威洗完澡沒拖地。我將他從床上拽起來發了一陣火，而他很冷靜，指著門對我說：「不想過了，妳可以走。」

於是我很爭氣，真的就走了。

我說：「給你一個月時間，到時如果你想通了，我們就離婚。兩條腿的男人多了，誰還吊死在一棵歪脖樹上？」

我對好友說，之所以給他一個月時間，是不想把婚姻往絕路上逼。

第二天收拾東西的時候，杜威沒攔我，他靜靜地倚著門框，看我氣急敗壞地裝箱子，然後抱起萌萌，摔門而去。

他想氣死我？沒門！不用他氣我，我也是將死之人了。死之前，我要找一個安靜的地方，捋一捋我和他之間的問題所在。

我和杜威結婚五年有餘，沒有孩子。上大學那陣子，他在追我的一打男孩子中間出類拔萃，最終俘獲了我的初吻。當然，沒領證的時候我們就在一起了。我還記得第一次很狗血，兩個人脫光了衣服疊在一起，折騰了兩個小時都不得要領。

後來，兩天不做杜威就猴急猴急的。再後來結了婚，時間一長就互生厭倦，於是常常很久也不做一次，偶爾做，也完全是生理需要。

生活失去新鮮感，柴米油鹽醬醋茶讓人覺得厭憎。

更讓人崩潰的是，杜威現在澡都懶得洗，內褲幾天一換，有潔癖的我甚至覺得他都不如萌萌乾淨，於是，能離他多遠就多遠。

現在與他隔了半個城的距離，我覺得好多了。

亂世懷鬼胎

夜裡十一點鐘，男鄰居拎著個酒瓶子輕叩防盜門，咚，咚咚。我不想開，可是他很執拗。

我刷地拉開門。看見我穿著吊帶裙，他臉上頓時飛上兩朵紅暈。我嘎嘎笑了，還有會臉紅的男人？衝這一點，當他舉起酒瓶子問我：「要不要喝點酒？」我果斷點了點頭。我也想喝點。

我從不去酒吧夜店什麼的，自我感覺是個良家婦女，但是最近一個人住著，著實無聊透頂，時不時冒出找個人一醉方休的念頭。

我洗了兩隻杯子，他幫我添滿酒，然後他環顧四周，說：「弄點小菜？乾喝多沒意思！」

我拍手稱快。在那個簡陋的廚房裡，不一會兒，他就俐落地搞定了兩個下酒菜，一個油炸花生米，一個辣椒皮蛋。很簡單，但是我很滿意，我喜歡會做菜的男人。

酒至微醺，我問他：「你老婆呢？」

他遲疑了一下，一仰脖子將杯子裡的酒灌進喉嚨：「提她幹嘛？」

我尷尬地笑笑：「不想說就算了，沒人逼你。」

然後我趕他走：「別喝了，酒也不是什麼好東西，回去睡吧。」

他卻沒有要走的意思，眼睛裡忽然就蓄了淚，問我：「妳說女人是不是都喜新厭舊？我們一直都很恩愛，可最近半年來，她對我不冷不熱的，我懷疑她有了新歡。」

剩下的半瓶酒把男鄰居變成了怨婦，他說他有一個貌美如花的妻子，他在離市區一百公里的變電所上班，只有週末回家，於是他和妻子每週有兩天見面時間。可是今天，週三，他臨時回市裡有事，順便回了趟家，結果等了半宿，妻子都沒回家，打電話，關機。

「她會不會和別的男人在一起？」他問我時，一滴眼淚滑了下來。我伸手幫他抹了抹，「別亂想了，也許沒你想得那麼糟。」

他說是，然後徘徊著向我告別。臨出門前，他伸開雙臂輕輕地抱了抱我，貼著我耳根子說：「我不會對妳心存不軌的，我要清清白白等她回心轉意。」

他走後我陷入沉思，杜威在幹嘛呢，會不會和別的女人在一起？世道如此亂，誰不會心懷鬼胎？重要的是，酒勁上了頭，我想洗洗睡了。

第四類情人

我和男鄰居開始了精神之旅。有時我更覺得他像第四類情人，不動身體之念，又比朋友多一些親暱。比如，他後來固定每週三回來找我，拎著一瓶或者半瓶酒，為我做各種好吃的。

聊聊天，喝喝酒，然後我會在他寬厚的懷裡靠一會兒。

好幾次，我看著他無辜的雙眼差點沒忍住。其實他不在家的時候，大概是週一，他妻子會帶一個男人回家。我不告訴他，是不想讓他難過。

讓一個善良的、能為自己做菜的男人難過，太殘忍。

可是我真的很憤怒，在我從貓眼裡看到男鄰居的妻子帶著男人回家的時候。那天我聽到樓梯間有人講話，好奇心驅使我趴在貓眼上一窺究竟，結果看到那個貌美如花的女人吊在一個男人的臂彎裡，男人一隻手急不可耐地伸進了她的內衣。

後來，我很無恥地將耳朵貼在牆上，夜闌人靜，女人的叫床聲持續了很久。一對不要臉的狗男女！

兩天後，男鄰居回來了，這次他沒回自己家，直接敲開我的房門。他遞給我一大把新鮮的勿忘我，紫色的，很漂亮。

我擁抱了他，像擁抱久別的愛人，那一刻，我真的想入非非了，假如這個男人是杜威，或者假如杜威能像他這樣有點小情調、小浪漫，願意為我下廚，那人生豈不非常圓滿？

他的嘴唇火辣辣的燙，逡巡在我的耳邊，終於咬住了我的耳垂，我有一剎那的眩暈，身體某處也無法遏制地溼潤。就在理智的防線即將被撞破的那一秒鐘，我像一隻受了驚的麋鹿，從他懷裡跳了出來。

他揉著自己的頭髮，不敢看我，囁嚅道：「對不起，我……」

我笑著推他：「快去炒菜！」

贏回愛情

男鄰居去上班了，連續一週，我都沒見到他，而日曆顯示我搬進來已經足足二十九天。

這天，我的貓抓了女鄰居的手臂。當時她正在做菜，據她說自己要做跳水魚，可沒等魚下鍋，萌萌就聞著魚腥從陽臺上弓起身子跳到了她家廚房的窗臺上。

女人受了驚，便揮舞著東西去打萌萌，但萌萌是我調教得非常出色的一隻貓，它毫不畏懼地用尖利的爪子撓破了她。

我正在看電視，女人聲嘶力竭地舉著流血的手臂來找我算帳，這是我第一次近距離地與她面對面。我一邊道歉，一邊拿出藥水和紗布幫她止血。做好這一切，我踢了萌萌一腳，萌萌喵嗚一聲跳到了沙發上。

我轉身去倒水給女鄰居的空檔，她拿起我放在茶几上的兩頁紙仔細地看，然後衝到我面前打翻我手裡的水，驚叫：「許釬，妳，妳，妳HIV攜帶陽性？還有，這隻貓也是？」

我若無其事地說：「是啊，所以我在這裡等死。」

我用三分鐘的時間，讓瞠目結舌的女鄰居了解了我——其實，我是在做愛滋病志工時不幸感染上病毒的，後來，不小心傳染了萌萌，我之所以離開家住進這幢房子，是想讓萌萌陪我度過最後的日子。

「死有什麼了不起的？」我看著她，淡定地說。

「混蛋！老娘怕！」女鄰居完全失態了。

我又用三分鐘時間讓她了解了醫學常識，告訴她：「想感染上病毒沒那麼容易，不信妳看。」我掏出了自己的錢夾，指著杜威的照片給她看，「我老公一個月前還經常和我做那事，但他現在壯得像頭牛……」

沒等我說完，女人淒厲地叫著跑了出去。

少頃，我聽到她家裡傳來劇烈吵鬧聲，然後那個等著吃跳水魚的男人被她像扔垃圾一樣趕出了家門。

我抱著萌萌回家，杜威接過我手裡的兩隻箱子，忙不迭地讓我坐在沙發上休息，然後說：「想離婚也可以，我們婚前不是婚檢過嘛，兩個人都符合健康標準人家才結婚，那我有個要求，離婚前我們也去做個檢查，妳要是健健康康的，我就放妳走。」

我一聽，正中下懷。

第二天我們就去了醫院，HIV 檢查做完後，醫生說：「兩個人都是陰性。」

杜威一把將我拉進懷裡，緊緊地抱住我不肯鬆手。婚當然沒離。我當然也沒死。

其實你知道的，女鄰居看的那張診斷書，是我在垃圾桶裡撿來的，我叫許纖，人家叫許釬，哪跟哪嘛。

只是如我所願，女鄰居在看到杜威的照片後，很快就讓杜威滾蛋了。看來，攜帶病毒的男人比病毒本身還可怕。

我就是個賤人，用清白的三十天終於換來了杜威的回心轉意。我愛他，我想，他會珍惜以後的日子吧？

後來，看著花瓶裡那束乾掉的勿忘我，我偶爾會想起男鄰居，他現在還好嗎？

不失去，怎麼懂得珍惜

✦異常之舉

謝瞭最近有些反常，具體表現為：說話顛三倒四、瘋狂加夜班、回家倒頭就睡。

這還不算，最反常的是，他性趣銳減，距離最近一次比較和諧的床事已一月有餘。這說明什麼？是工作太累，還是在外面開枝散葉回家就彈盡糧絕了？

我扶著頭坐在沙發上假裝看電視，用眼睛餘光打量他：他拿出了用手機積分新兌換的咖啡色拉桿箱，放在客廳地板上打開，然後從臥室抱來幾件衣服塞進箱子裡，又去洗手間拿盥洗用品……箱蓋合上拉拉鍊的時候，我忍不住了，問：「幹嘛？」

謝瞭把箱子靠在客廳牆邊，淡淡地說：「出差，十五天，兩個小時後的飛機。」

我愣怔了幾秒鐘。以往出差，他會提前跟我打招呼，可這次沒有。我覺得蹊蹺。

顧不上問他去哪兒出差，我衝進了浴室。曾經我和謝瞭有個保持多年的習慣，每次他出差前，我們都要熱烈地做一次，他說，只有被我餵飽了他才不會在外拈花惹草。

上一次的熱烈是什麼時候的事？我一邊快速沖澡一邊想，卻想不起來。

五分鐘後，我穿著新買的吊帶裙走出浴室時，謝暸已經拉起箱子走到了門邊。他看著我，說：「要走了，不然會錯過航班。」

原本熱起來的身體，似鼓脹的氣球冷不防被針灸了一下，突然蔫了。

他走後許久，我保持同一個姿勢坐在沙發上，想，他究竟是怎麼了？我們究竟是怎麼了？他不愛我了嗎？我還愛他嗎？

◆ 一語驚醒夢中人

下午，在音樂低迴的咖啡館，我向小艾吐槽，問她：「他該不會有了別的女人吧？就他這樣的，會有女人喜歡？」

小艾戳著我的腦袋說：「謝暸不夠好？他身高178，算高吧；他玉樹臨風，算帥吧；他有房有車，算富吧！這樣的男人沒女人覬覦才不正常！」

一語驚醒夢中人。

婚姻真的如魚飲水冷暖自知，雖然表面上我和謝暸琴瑟和鳴，可總覺得我們的婚姻就像一件華美的袍子，上面沾滿了各種可惡的蝨子，外人看到的，只是表面的光鮮。

而且，潛意識裡我覺得謝暸愛我沒有我愛他那麼多。這讓我灰心、頹喪。

林家寶打來電話時，我剛走出咖啡館，電話裡他說：「我們見面吧。」

我猶豫了半分鐘，半分鐘裡，我腦海裡迅速閃過一些零碎片段，片段裡有牽手，有初吻，有初夜，還有眼淚和怨恨，主角是我和林家寶。

他再次開口，語氣裡更多了一番迫切：「我想妳了。」

鬼使神差地，我的喉嚨裡蹦出一個字，好。

他說他來本市出差，現在在某某飯店某某房間下榻。

掛了電話，我迅速開車回家換衣服，一路上想的是，見了面說些什麼呢？是單純敘舊還是用激情詮釋經年累積的思念與怨懟？

與初戀有場約會

林家寶依舊魁梧、英俊，只是歲月為他浸染了一層隱隱的風霜，熟男氣息撲面而來。我感覺自己的心跳比想像中要劇烈許多。

我這是怎麼了？我不是該恨他的嗎？恨他與我指天誓日，轉身又把熾熱的愛給了另一個女人？恨他在我最曼妙的青春時節，拎一桶冰水對我迎頭澆下還振振有詞地說，愛情是無法左右的災難？

林家寶眼睛裡掠過一絲不易察覺的驚喜，忙不迭地遞水果給我，說：「喏，妳最喜歡吃的泰國芒果。」

心裡沒來由地一動。但是我沒去接，我來見他，不是為了吃芒果的。

那我為什麼要見他？我們不是早已橋歸橋路歸路，各不相擾的嗎？

林家寶訕訕地收回手，拍拍沙發讓我坐，說：「妳還是老樣子，沒怎麼變。」

我笑了一下，為他的虛偽。怎麼會呢？距離我們最後一次見面，已是十年飛逝而過，女人的容貌在歲月的浸淫下怎會不變？

「說吧，找我什麼事？」我單刀直入，心裡卻想著，謝了該到達目的地了吧，他在幹嘛呢？盥洗？吃宵夜？還是在和某個女人打情罵俏？

不，不會的，我使勁搖搖頭，想使自己平靜點。

我和林家寶，就那樣隔著小茶几坐在沙發上，時斷時續說一些狗屁話，幾乎冷場時，他拿出一瓶紅酒倒了兩杯。我沒拒絕，酒是個好東西，因為它會麻痺人的思維，能讓人藉著它的名義放浪形骸。

✦ 現實與想像中的掙扎

一瓶很快見了底，林家寶又開了一瓶。第二瓶喝了不到一半，酒勁就上了頭，然後我很沒出息地哭了。

我站起來哭著舉起拳頭擂在他的胸口，他一動不動，任我發洩。我踢他，咬他，最後，精疲力竭地倒在他的懷裡。意識尚清醒，行動卻不由自己。我能感覺到他溫熱的唇覆蓋下來，感覺到自己被他有力的臂膀打橫抱起，攤開在潔白無一絲褶皺的雙人床上。

我奮力喊：「不要！」

那兩個字，卻如夢囈，被扼殺在我喉嚨深處。然後，我迎合了他強勁的衝撞。當極致的快感自身體深處傳來時，我伸出手臂抱緊了他壁壘森嚴的腰身。

事後，林家寶躺在我身側抽菸，我皺了下眉。因為喉疾，我向來聞不得煙味，謝瞭為此還戒了菸。所以我委婉地請他滅菸，或者，出去抽也行。林家寶笑笑，一隻手在我身上緩緩遊走著，說：「這是男人最喜歡的事後菸。」

我想起謝瞭當年說過的一句話：「妳不喜歡，那我就戒掉，這沒多難。」心裡突然一酸。

少頃，他燃起第二支菸的時候，我忍無可忍跳下床穿衣服，準備回家。林家寶攔住我，問：「謝瞭在？」

「沒，出差去了。」我冷著臉請他讓開。

他沒讓，再一次緊緊地擁抱我，滾燙的唇逡巡在我耳邊：「這不就行了嘛，謝暸又不在，妳急什麼急？」

理智告訴我，趕快走，可身體裡卻瀰漫過來絲絲縷縷強烈的渴望，渴望重溫本該屬於我的愛情，屬於我的男人。

思想的小人正左奔右突，林家寶突然鬆開我，掏出電腦打開，然後，我看到了謝暸，還有余美。

他們深情擁抱，用力接吻，腳步正一步步挪向身後的大床。我歇斯底里地尖叫一聲，扣上了電腦。

激情磨滅，空留疲憊

在我以離開為由相逼下，林家寶說了實話。他說：「謝暸不是去出差而是去見余美了。」看我愕然，他又說，這是他和謝暸協商的結果。兩個深陷麻木婚姻生活的男人，異想天開地決定為對方也為自己創造條件，和舊情人在一起待半個月，如果半個月裡，他和謝暸都發現自己愛初戀勝過愛現任妻子，他們就放棄現在的婚姻，和正確的人在一起，談一場正確的戀愛，結一次正確的婚。

多麼狗血的橋段，多麼可笑的兩個男人。我想笑，卻哭了出來。林家寶沒拿紙巾給我，只一味強調，這是真的。

他說，婚姻從激情期步入疲累期後，他覺得余美世俗、唯利是圖、不關心他，而余美認為他沒有擔當，對她的愛流於膚淺。

我咬牙切齒地問：「那你當初為什麼娶她？」

他的回答理直氣壯，他說，當初，余美奉父母之命回到故鄉，他為了前途跟我玩失蹤去投奔余美，起先余美因為謝瞭而不接受他，之後他受過很多苦，而余美幫了他很多，有天，突然答應和他在一起。

那天，是謝瞭和妳結婚的日子。

林家寶掐掉菸，直視著我說，其實，余美一直愛著謝瞭，但謝瞭太執拗，不肯離開故鄉，因此勞燕分飛。

我揉著腦袋，想起八年前的那天，謝瞭找我喝酒，我們都喝大了，在午夜蕭瑟的街頭，我罵林家寶的狼心狗肺，謝瞭罵余美的薄情寡義。

罵著罵著，我們就去附近的快捷酒店滾了床單。幾天後，閃婚了。

✦最喜歡的禮物

第二天我租了一套小兩居房，我和林家寶像戀人一樣，白天一起去擁擠的菜市場買菜，回來擠在逼仄的廚房裡做飯，偶爾散步，大多靠在沙發上看光碟。

林家寶將電腦一直開著，遠端攝像軟體實時直播著謝暸和余美的一舉一動。

我忍著滿腔的怒火，看謝暸驍勇萬分地在余美身上起伏撞擊，那一幕幕，像一把把尖刀剜在心口，那種痛，無法描述。

唯一能解除痛苦的是，做愛，和林家寶。做愛，用和螢幕裡那兩個人一樣的姿勢。

如此過了一週，我覺得很累。

第十一天，我再次吼林家寶不要在我面前抽菸時，他怒了，口不擇言：「怪不得謝暸煩妳，我也快煩妳了。不抽菸不喝酒，死了不如一條狗。妳幹嘛討厭男人抽菸？」

就像一塊燒得吱吱作響的炭火，猛然被浸入冷水，我的心突然徹骨的冷。

這就是那個口口聲聲說愛我，試圖與我重新開始的男人？一點克制都沒有的男人，我為何要妥協？

沒等我爆粗口，林家寶突然衝到電腦前，我也好奇地伸過頭去看，只見謝暸和余美似乎在吵架，謝暸拉了行李箱要走，余美氣呼呼地開門做出請他離開的手勢。

畫面沒有聲音，我聽不到他們在說什麼，只暗自舒了一口氣。林家寶走之前說：「我一直以為我愛的人依然是妳，事實卻是，妳的心思沒有一分鐘不在謝暸身上，而我，也想余美了。所有的恨與愛，都是一場陰差陽錯，我走了，祝妳幸福。」

走到門口，他又折身回來叮囑我，他和謝暸這次荒唐的換妻協議中約定不讓我和余美知道，既然我已經知道了，就請裝作不知情。

「妳還愛我嗎？」他不甘心地又問。我輕輕搖了搖頭。

謝了回到家的第一句話是：「今天是我們的結婚紀念日，我有禮物要送妳。」

他伸出左手，掌心用中性筆端端正正寫著八個字：妳還愛我嗎？我愛妳！

不是鑽戒，不是鮮花，卻是我最最想要的禮物。

是誰的髮箍

✦誰的錯

如果你在家裡發現別的女人的飾物，而且，還是在自己男人的枕下，你會怎麼做？是拿出鐵證逼男人親口道出殘忍真相，還是視若無睹？

我把玩著手裡的一個髮箍一個多小時，腦袋發木，只覺胸腔憋悶，真想大哭一場。

那是一個粉紫色小方格的髮箍，棉布質地，看起來有點陳舊，想必是哪個粗心女人落下的，當然，不能排除許粼故意讓我看見的嫌疑。

我想，許粼一定是被髮箍的主人逼得沒有辦法，而他因為顧念我們多年夫妻情分，不願撕破臉皮讓彼此都難堪，只好採取迂迴手段來告訴我，他又有了別的女人，這次，我應該全身而退。

是這樣吧？一定是。

我麻木地起身，繼續整理被許粼搞得亂糟糟的臥室。看著新換了床單的大床，想到我不在家的時候，許粼和某個妖嬈女人滾了我的床單，我就憤慨得不能自抑。

憤慨之後，我除了苦笑，還真是哭不出來。怪誰呢？怪他還是怪我？

或許我和許粼兩個人都有錯，天下舉案齊眉的婚姻比比皆是，但也不乏兩個人在婚姻的軌道上偶然跑偏。是誰的眼睛裡揉不得沙子，是他還是我？

或許從我拎包住進公司宿舍的那天起，就讓那個覬覦許粼的女人有了可乘之機。

試探

我決定在家裡住幾天，觀察觀察許粼的動向，是狐狸，總要露出尾巴的對不對？

我當然不會傻到再飾演一次潑婦，那樣，於事無益。

左思右想，我在許粼的腳步聲在樓梯間響起的時候，把那個髮箍放在了客廳的門櫃上。旁邊，是我和許粼的甜蜜結婚照，照片裡，我和他深情凝視著彼此。不過，那是六年前的照片了，不提也罷。

許粼進門，放下公事包，從廚房門口探頭看到我，悶聲悶氣地說：「回來了。」言語尋常，好像我從不曾離開一樣。

我喉嚨哽了一下，笑笑：「飯菜還得等一下，你先坐下來休息一下，茶泡好了。」

然後低頭切菜，想著，他看見髮箍了嗎，會說些什麼？還是裝作看不見，等我先來發問？

做菜的間隙，我伸出頭朝客廳望了一眼，許粼半躺在沙發上，拿著遙控器胡亂換臺，看來他已經方寸大亂了。

吃飯時我告訴許粼：「我想回來住一段日子，公司最近不忙。」

許粼眼睛裡閃過一絲難以捉摸的光，殷勤地替我夾了一筷子菜：「怎麼？要回來住嗎……好……那好。」

呵呵，我在心裡笑了，我太了解許粼了，他說話何曾像今天這麼結巴過？不是心裡有鬼還是什麼？

晚上，許粼洗完澡從浴室出來，朝鬥櫃瞥了一眼：「髮箍？」

「對呀，這是誰的？」我趕緊跟著他的話題。

「誰的？」許粼一臉茫然。

我沒追問，覺得沒意思。當晚的床事距離我們上次已有兩個多月，許粼卻做得相當紳士，我也味同嚼蠟，我想，我們的激情是徹底被外人掏空了。

玩火自焚

第三天下班路上，老莫打來電話：「我想妳，晚上見。」

我趕緊推脫，說我正在回家的路上，請他趕快掛掉電話不要再打來。老莫便不悅起來：

「怎麼？回家了？妳不是住宿舍嗎？是妳自己回去的，還是他求妳回去的？」

我很煩他這種語氣，地下情總歸見不得光，可是老莫偏偏擺不正自己的位置，對我管手管腳不說，一提到許粼，他就咬牙切齒，好像我和許粼在一起做的是偷情的勾當。

我回了句：「是我自己回去的，有事。」

然後，掛掉電話。

剛走到樓下，手機叮的一聲，我打開，是老莫發來的圖片，畫面裡我裸著身子，背景是酒店的房間！

這一驚非同小可，我退回到偏僻的小路上，打電話給老莫，壓低聲音喝問：「你幹什麼？會惹出亂子的！」

老莫嘿嘿笑了，那笑陰森得瘆人：「晚上我要見妳，否則，我怕我會不小心把照片發給許粼。」

我渾身一個激靈，只能舉手投降。也是從這一刻，我才清醒地認識到，玩火自焚簡直就是真理，如果說投入老莫懷抱是為了報復許粼對我的背叛，那麼如今面對老莫的咄咄逼人我卻悔不當初。

見了面老莫一下子把我擁進懷裡，輕咬我的耳垂，然後用舌尖抵開我的牙齒探進去。

他就是有這本事，能夠在我毫無慾望的時候用他的舌、他的手將我渾身熨燙一遍，讓我難以自持，徹底淪陷在他接下來的衝鋒陷陣中不能自拔。中途，想起剛才被老莫以照片要挾，我不免煩躁。

或許，該收手了。

猜想

我將包裡的髮箍拿給老莫看，老莫愣了一下：「誰的？妳平時不戴這個呀。」

老莫說得對，我是不戴這東西，現在的我，更鍾情真金白銀。可是，它究竟是誰的，它的主人和許粼究竟有何關係？

就在昨天，許粼當著我的面拿起那個髮箍仔細端詳，良久，他猛拍一下腦門：「會不會是哪個小偷落下的？妳不在家的時候，我有時出差，家裡難免進來小偷，據說，前陣子好幾戶都失竊了……可是，我們家什麼也沒丟呀，奇怪。」

他念叨著，全然不理會我半信半疑的神情。

虧他編造得出如此爛的理由。小偷？小偷會把一個舊髮箍遺留在作案現場？我撲哧笑了出來。

許粼繼續他的神遊太虛：「妳看，我們家也不能沒人，我又經常出差，妳看妳能不能不去公司宿舍住了，搬回來？」

真假啊！明明趁我不在將別的女人帶回來顛鸞倒鳳，倒把屎盆子扣在冤屈的小偷頭上，我不得不佩服理科出身的許粼腦子的確轉得快。

我冷冷地回了句：「等我徹底忘了她再說。」

許粼就像被扇了一耳光，登時閉嘴。

那是一年前的事了，雖然許粼認錯態度好，但我就是想不通，我不過被公司派到外地半年，他就忍不了一時寂寞。我像潑婦一樣將家裡摔得凌亂不堪，然後頭也不回地住到了宿舍。後來許粼多次向我道歉，面對他日益憔悴的面孔，我不免心軟，於是，隔很久回家一趟，幫他做頓飯，心情好了，會留下來過夜。

分居期間，我有了老莫，越軌的快感使我心裡稍稍平衡了些，我想，許粼欠我的，我要照單還給他。

厭惡

老莫聽完髮箍的事情，摟著我哈哈大笑：「寶貝，說出來妳別生氣啊，這，其實是我放在妳家的。我偷偷配了一把妳家的鑰匙，唉，我也是太愛妳了，那天，聽說許粼出差了，妳在酒店睡著之後我就去了一趟妳家，留下這個，好讓妳離開他。」

他的大手揉搓著我的雙乳，用下巴蹭著我的臉：「對不起寶貝，我是真的愛妳，我想要妳都想瘋了。」

老莫翻身上來，準備用身體求得我的諒解，以前我們之間發生不愉快，他總是用性來向我求和，每次，我都被輕易征服。

可這次，他過分了！

我盯著那枚鑰匙，突然爆發了：「你到底想怎麼樣？配鑰匙？去我家？留下這個髮箍？今天還發來我的照片，威脅我？」

我歇斯底里地將他從我身上掀開，厭惡地看著他，說出了我最近一直想說的那句話：「分手吧，不能再繼續了。」

老莫劍拔弩張的身體遭此冷落，臉色突變：「想分手？沒門！」

看我不像是開玩笑，老莫硬的不行又來軟的：「寶貝，妳可知道我離了妳會無法活下去，妳可知道妳就是一副毒藥，我已經深中此毒。」

說著，他的眼淚流了下來。我從沒見過老莫流淚，所以，被嚇到了。越軌者最忌諱動情，我不知道他還會做出什麼出格的事來，我甚至恐懼地想像到，有朝一日他會堂而皇之地去找許粼，去告訴許粼我與他的私情，那樣的話，我與許粼的婚姻就如覆水再也無法挽回。

不，不不，我決不能任由事態如此發展。

我還愛著許粼，我所做的一切只是為了尋求一個平衡的支點，有了這個支點，我想我和許粼才會握手言和，相伴餘生。

祕密

一週後，我在城郊交界處的一家酒店見了老莫最後一面。自始至終，老莫心情都異常好，因為我告訴他，我準備離開許粼。我纏著他，為他斟滿紅酒：「來，慶祝我的新生。」

老莫興奮地拍拍我的頭，一飲而盡。

我眼睜睜地看著老莫倒下去，他在闔上眼睛之前，用最後的力氣問了我一句：「妳真的……沒愛過我？」

我沒回答，手忙腳亂地抹去現場自己留下的痕跡，跌跌撞撞地離開酒店。紅酒裡被我下了毒——滅鼠藥，既然老莫慾求不滿，有了我的人還不夠，還想得到我的心，那，我只有出此下策才能讓他不再纏著我，永遠。

相比被一場荒唐演變成的噩夢日益摧殘，懷揣著隱形炸彈整日惴惴不安，我寧願選擇快刀斬亂麻。

我要回到許粼的身邊，我確定，我還愛著他。

許粼在做飯，他最拿手的是跳水魚，此刻，魚剛下鍋，滿屋子飄蕩著誘人的香味。看我拖著行李回來，他把手在圍裙上擦了擦，神祕地笑笑：「老婆，馬上吃飯，一會兒我要告訴妳個祕密哦。」

他能有什麼祕密？難道，是交代髮箍的主人？

我打算好了，不管他說什麼，我都原諒他，我還想告訴他，過去就讓它永遠過去，我只要他的未來。記得六年前結婚的時候我們曾發過誓：「此生不辜負彼此，若有來生，還做夫妻。」

吃飯時，許粼拿過那個髮箍戴在我頭上，溫情地看著我說：「老婆，妳忘性真大，這是妳上高中時戴過的呀，我一直收藏著，是為了紀念我們的愛情。」

我眼前一暈，差點昏厥過去，耳邊是許粼脈脈含情的聲音：「上次妳離開家，我想妳了就拿出來看看，我想，妳總會回來的，我也一定會珍惜以後的日子，絕不再辜負妳……」

午夜毒藥香

曖昧午夜

顧陳買完菸從便利商店往回走時，原本黑壓壓的天空突然下起了雨，在頃刻揚起的淡乳色雨霧中，顧陳的視線裡闖進了一男一女。

男人把女人擠壓在汽車的引擎蓋上，一陣拳打腳踢之後，又強行吻住女人。整個過程中，女人既不求饒也不躲閃，眼神裡含著致命的憂鬱，夾雜著傲慢，擊中了路過的顧陳。

男人開車揚長而去，女人緩緩蹲下身，疼痛使她俊俏的臉部肌肉扭曲在一起。顧陳鬼使神差地走過去，女人抬頭將求救的眼神拋向他：「你能收留我一晚嗎？我沒處去……」

顧陳沒有拒絕，猜想任何一個男人都不忍心拒絕一個貌美如花且無家可歸的女人的要求吧。顧陳把女人帶回他在附近的探戈練習室。他訝異於她身上的傷口，從小腿一路蜿蜒而上，舊傷新痕，蟲子一樣難看地爬在她光潔的皮膚上。

自從沈鳶離開之後，顧陳的心很久都不曾疼過，可這次，他的心疼了又疼，很尖銳。

他從醫藥箱裡拿出酒精和藥棉，仔細地為女人擦拭，上藥。當他手裡的棉棒觸到那些殘忍的傷口時，他清晰地感覺到她的身體在顫抖。

這是一個妖嬈的女人，長髮垂下來，風情無限。顧陳聞到了她身上散發出來的香味，是午夜毒藥。沈鳶也常用這款香水。顧陳貪婪地嗅著來自女人身上的香，有一瞬間，他恍惚以為，眼前的女人是沈鳶。

可她不是，她說：「我叫蘇媚，今天謝謝你啊。」

平素寂寥難熬的午夜因為蘇媚的存在而多了幾許曖昧。顧陳起身準備為蘇媚準備宵夜的時候，蘇媚撲進了他的懷裡，緊緊靠著他的胸膛。顧陳聽見自己的心在凌亂地跳動，就在他無法遏制渾身燃燒起來的火焰時，蘇媚鬆開了他，說：「我得趕快回去了，回去晚了又是一頓暴打，我丈夫有暴力傾向。」

臨出門前，蘇媚輕聲說：「我是有傷的人。」

顧陳一愣。蘇媚的傷在肌膚，而他的傷在心裡。他的傷全因沈鳶而起。

探戈皇后

每天訓練課結束後，大廳裡就剩下形單影隻的顧陳，黑色音箱裡反覆迴旋著〈Por Una Cabeza〉，這是顧陳最鍾愛的舞曲。

他獨自起舞，張開雙臂，彷彿擁著的是沈鳶，而不是空氣。沈鳶不止一次說過：「顧陳，你是個自戀的男人。」

說這話時，沈鳶穿著黑色露背舞裙，甩著頭，昂著胸，邁著步，用性感挑逗的眼神看著他，他們的配合天衣無縫，完美到極致，一舞跳罷，顧陳早已春心蕩漾。

每次，當學員陸續離開練習室，顧陳就會和沈鳶迫不及待地吻在一起，時而纏綿，時而瘋狂，吻得難解難分。

練習室後面是顧陳的辦公室，也是他的住所，在那張單人床上，顧陳和沈鳶不知疲倦地要著彼此，沈鳶就像一個貪戀糖果的孩子，不知滿足，反覆索要。

激情跌宕的時候，顧陳會問沈鳶：「妳愛我嗎？」

「愛！愛！我愛你顧陳！」沈鳶喘息著，水草一般纏緊他。

「只愛我一個人嗎？」顧陳又問。

「當然只愛你一個！」沈鳶就像暗夜一朵最妖嬈的花，層層疊疊綻放，時而亢奮尖叫，時而低聲呻吟，宛如一支崑曲，跌宕起伏，不知疲倦。

顧陳愛沈鳶愛了六年，他們是彼此的最初，顧陳更希望是彼此的終點，他渴望有一天帶著沈鳶離開這令人厭倦的都市，去陌生小城隱姓埋名，生一兩個孩子，每天小火熬湯，柴米油鹽。

但是沈鳶說：「我要去阿根廷，去跳探戈，阿根廷是探戈的國度。」

顧陳能說什麼？他只能違心地說：「好。」

有時他請求沈鳶：「不要離開我，永遠不要，否則……」

後面的話他嚥了回去，因為沈鳶吻住了他，她的吻讓他窒息，讓他幸福得戰慄起來，讓他只想展開新一輪的進攻。

顧陳瘋狂地愛著沈鳶，可以為之生，為之死。

幾天後，當蘇媚站在練習室門口時，顧陳正陶醉在自己優雅的舞步裡，〈Por Una Cabeza〉委婉，激盪，適合他落寞的心境。

那天蘇媚一襲紅裙，像一簇燃燒的火焰，燃燒了顧陳的眼睛。她向他伸出纖纖玉手：「教我跳舞。」

顧陳怎能拒絕這個嫵媚多變的女人？上一次她還是一隻受傷的小獸，在他懷裡痛哭流涕，這一次，她卻變成了他的女王。她對音樂的領悟力很強，踩著節奏，豔紅的裙子舞動起來，旋轉起來，怒放起來，當他們的臉近在咫尺互相嗅得到對方的呼吸時，她目光凌厲彷彿要穿透顧陳的靈魂。

顧陳再次聞到午夜毒藥香，他心旌搖曳。蘇媚的呼吸拂在他的脖頸，他聽到她說：「幫我個忙，殺掉喬大林，事成之後我就是你的。」

喬大林是蘇媚的老公。她忽然停下舞步，一把撩起裙襬讓顧陳看她身上新添的傷痕。一道一道的傷痕凜冽地朝顧陳齜牙咧嘴，顧陳再一次心疼，想都不想就答應了她。

他怎能看著她深陷水深火熱而置之不理？

風度翩翩的探戈舞蹈教練顧陳，其實具有雙重性格，既憂傷內斂，又暴躁無常，在這座城市黑白通吃。他承認自己是個痞子，十足的痞子，所以沈鳶總是說：「收手吧，好好做人。」

顧陳總搖頭：「我天生就是個痞子，妳不喜歡這樣的我？」

曾經的顧陳是個純良青年，他和沈鳶曾是舞蹈大學的佼佼者，畢業那年，學校有兩個前往阿根廷一所探戈學校學習的交換生名額，初步內定為顧陳和沈鳶。

那是個人人皆渴望的機會。

沈鳶在一個夜晚約顧陳見面慶祝，在她的宿舍裡，他們一見面便擁抱彼此熱烈接吻，當顧陳橫衝直撞地闖進沈鳶的身體時，宿舍門突然被撞開，明晃晃的手電光朝他們射過來。

雙雙被開除，連畢業證都沒拿到。一腳踏進社會的大熔爐，顧陳自暴自棄，為了活命，玩命地參加街頭械鬥，或者收取保護費，什麼刺激玩什麼。

顧陳變成了連自己都不齒的痞子，沈鳶卻不離不棄，她說：「我愛你，到地老到天荒。你一定要將探戈跳下去，我們一起去阿根廷。」

顧陳愛沈鳶，所以他不惜一切地滿足了沈鳶的夢想，是的，她應該是最美的探戈皇后。

帶我走，可好

顧陳只動用了手下的兩個小弟兄就實現了對蘇媚的承諾。那天，喬大林去修車行檢修車子，煞車系統被不著痕跡地破壞，令喬大林在半個小時後經過一個急速拐彎的坡道時，連人帶車翻進了江裡。

警察取證時沒覺得有什麼不對勁的地方，這樣的車禍實在是見怪不怪。顧陳作為路人甲擠在看熱鬧的人群中，他看見不遠處擔架上躺著蘇媚竭力想要擺脫的男人，身上蓋著一塊白布，蘇媚在歇斯底里地號哭。顧陳看了一會兒轉身離去。

幾天後，蘇媚辦完了喬大林的喪事，來練習室找顧陳。她眼神溫柔，似一汪脈脈春水，將顧陳頃刻融化。他們再次共舞，這一次，蘇媚的舞姿已相當嫻熟，一招一式，都像沈鳶一樣既浪漫又激盪。一曲未盡，蘇媚已經嬌喘吁吁，飽滿的雙乳劇烈起伏，眩暈了顧陳的眼睛。在那張顧陳和沈鳶曾無數次翻雲覆雨的床上，顧陳換了女搭檔。蘇媚的性感迷人，讓他覺得自己醉了，醉得神魂顛倒。他親吻著她眉梢的那顆痣，抵達高潮。

事後，蘇媚躺在顧陳懷裡點了一支菸，吐出一口青色煙霧，說：「帶我走，好嗎？」沒來由地，顧陳又想起沈鳶，他心裡很疼，很疼。他抱緊蘇媚說：「好，我帶妳去阿根廷，那是探戈的國度。」

再次做愛後，顧陳去擺弄那套音響，因為就在剛剛，他聽出音箱裡有不規律的噪音。他喊：「親愛的，幫我拿個螺絲刀。」

回頭，一柄鋒利的刀子抵在他的胸口——左胸，離心臟最近的地方。

蘇媚拿著刀子的手在顫抖，她說：「沈鳶呢，你把沈鳶藏哪兒了？」「沈鳶？我很久沒有看見她了。」顧陳的眼睛繼續停留在那柄刀子上，心頓時墜入谷底。

蘇媚用刀子逼著顧陳，從包裡掏出一截尼龍繩，將他五花大綁在大廳中間的柱子上。她的眼神泛著冷漠，語氣不容置疑：「告訴我沈鳶在哪兒，我留你一條活命。」

◆你可曾愛過我

如果沒猜錯，六年前宿舍事件的策劃者，應該是蘇媚，當時她是古典舞蹈系一名普通的學生，因為並不出色，所以顧陳從未留意。

蘇媚愛沈鳶，所以她痛恨顧陳的存在。

這世道就是如此令人不堪，任誰也沒法左右一個人的愛情，不管她的愛是以怎樣的方式。

顧陳隱約得知事情真相，但他不願相信這個殘酷的現實，他一直都在對沈鳶說：「我愛妳，愛妳愛妳愛妳愛妳。」

她也在說，可是，她的語氣漸漸變得不堅定起來，直到一年前，她被顧陳發現屢次去見蘇媚。

有錢能使鬼推磨，顧陳花重金僱傭的私家偵探，不費吹灰之力就拿來了一盒錄影帶。那個寂寞的午夜，顧陳一個人坐在空蕩蕩的練習室地板上，將錄影帶塞進碟機。

隨著畫面以四倍的速度快速切換，他看到了兩個女人，沒錯，那個曾承諾跟他相愛一生一世，要跟他生孩子，要跟他白首偕老的沈鳶，正在和另一個極其媚惑的女人親熱纏綿。

她們像兩條柔軟的美女蛇，極其契合的像跳雙人舞一般的情景，令顧陳幾乎昏厥。他看見那個女人的眉梢有顆痣，一顆美人痣。

他踉蹌起身，啪地關掉電源，瘋了似的在空曠的練習室裡嚎啕大哭。

第二天，沈鳶回到顧陳身邊時，他溫柔地告訴她：「我不能帶妳去阿根廷了。」

沈鳶問他：「為什麼反悔？」

顧陳揚起手狠狠甩了她一記響亮的耳光，吼道：「因為妳不配！」

那段香豔的錄影在螢幕上再次呈現，沈鳶驚詫，哭泣，跪著乞求顧陳原諒，她說蘇媚一直在逼迫她，如果她不從蘇媚就會將她們的豔照發在網上。她說蘇媚其實很可憐，老公喬大林性無能，她擁有的是一場表面光鮮實則空無一物的形式婚姻，除了沈鳶，她沒有愛的人。

顧陳堵住了沈鳶的嘴，不是用他滾燙潤澤的吻，而是用被子。顧陳是殺死沈鳶的劊子手，他毀了她，亦毀了他自己，更毀了他們的愛情。從此顧陳行屍走肉般，在〈Por Una Cabeza〉的旋律裡反反覆覆，獨自起舞。

愛情死了，人生徹底成了一場滑稽的戲。

顧陳喝了一口蘇媚遞過來的水，長笑一聲：「其實，從一開始，我就知道妳為何而來，妳眉梢上的那顆美人痣很漂亮，也很顯眼，我刻骨銘心。」

顧陳試圖勸說蘇媚：「放開我好嗎，讓我再跳最後一曲探戈，然後，生死由妳。」

蘇媚猶豫片刻，說：「好。」

對和自己有過肌膚之親的男人，女人大多都會心軟，這是女人致命的軟肋。

顧陳熟練地修好音響，〈Por Una Cabeza〉的舞曲從柔緩開始，滑向激盪，再平緩，再昂揚。他淚流滿面地挽著蘇媚，深情凝視著她冷漠但美麗的容顏，說：「假如這一刻沒有恩怨，假如我們還相愛。」

蘇媚哼了一聲。

蘇媚甩著頭，昂著胸，邁著步，用性感挑逗的眼神看著顧陳，就像無數次顧陳和沈鳶的配合一樣，他們的配合是那麼天衣無縫，完美到極致。

旋轉，旋轉，旋轉到窗臺，窗外涼風習習，遠處是黛色的山，綠色的水，點點萬家燈火，很溫暖。

顧陳的肘彎稍一用力，蘇媚便像一隻大鳥，以飛翔的姿勢躍出窗臺。

警車呼嘯而來。原來，蘇媚趁顧陳修音箱的時候報了警。她的手機裡藏著致命的證據，在審訊室裡，手機裡傳來蘇媚的聲音：「幫我個忙，殺掉喬大林，事成之後我就是你的。」

顧陳說：「好。」

鐵的證據面前，顧陳仰天長笑，笑得眼淚都流了出來。他不明白自己的心，為什麼在一些恍然的瞬間，覺得自己是愛蘇媚的？他也無從得知，究竟蘇媚有沒有愛過自己，哪怕只是一點點？

探戈舞曲〈Por Una Cabeza〉仍在大廳裡寂寞迴旋，它的中文譯名是〈一步之差〉。聰明如顧陳，算準了開始，卻沒猜中結局。猶如這場最為華麗的共舞，他居然沒算準這是最為致命的瘋狂。

於是只能，曲終，人散。

第四輯

愛著，卻什麼也不會說

一念起，萬水千山；一念滅，滄海桑田。

愛情本身就是一場陰差陽錯的懸疑劇，跌　起伏，又有章可循。

陰差陽錯愛上你

✦突如其來的傷疤

馮哲一看見梅琳肚子上那道疤痕就深深自責。疤痕歪歪扭扭地盤踞在梅琳原本光滑細緻的小腹上，怵目驚心。馮哲伸出修長的手指撫摸著那些粗大的針腳，一遍又一遍，心疼得淚水漣漣。

自從他回了趟老家，返回後一切就變得面目全非。梅琳在他回家的這幾天究竟發生了什麼，她死也不告訴他，她只是哭啊哭，哭得一雙眼睛腫成了兩顆水蜜桃。馮哲沒辦法，就只好抽菸，一支接一支，青色的煙霧籠罩在房間上空。馮哲心裡充滿了仇恨，他突然將抽了一半的菸頭按在自己手臂上，霎時，一股燒焦的味道直衝進梅琳鼻孔。

「是我沒保護好妳！」他歇斯底里。

梅琳從床上跳下來，死死拉住馮哲：「我告訴你，我全都告訴你還不行嗎？」

馮哲聽完氣得肺都要炸了。原來，他有事回老家後，梅琳在下夜班的途中突然遭到蒙面劫匪的綁架，她掙扎過，但是一個弱女子怎麼敵得過三五個壯漢呢？她被蒙著面，嘴巴還被一團破布堵住，然後，就在車上一路顛簸。後來，她失去了意識。有好心人把半昏迷的她送到醫院，醒來她驚懼地發現，自己肚子上多了一條難看的疤痕。

梅琳哭倒在馮哲懷裡，她的肩膀一縮一縮的，嗚咽著說：「醫生說我的一個腎臟不見了，這可怎麼好，我還不如死了乾淨！」

馮哲半晌無語。出了這樣的事情，別說梅琳難過，他更難過。他無法想像歹徒的刀子在梅琳肚皮上劃過時的那種疼痛，他只覺，痛到了他的心裡，痛到了他的五臟六腑，痛得他真想一頭撞在牆上。

他安慰梅琳：「妳先好好養身體，我一定替妳報這個仇！」

✦人生不能錯過豔遇

人生中有兩樣東西馮哲不願錯過，一是回家的末班車，二是對自己放電的陌生女人。當然，女人最好有點姿色。

當這兩樣東西奇妙地結合在一起時，馮哲想，如果錯過那就是天理不容了。

其實馮哲在這座流光溢彩的城市並沒有家，所謂的家，不過是他花了四千塊租的一間閣樓而已。但是歐陽珊珊居然不嫌棄，她一進門就挽起袖子，該洗的洗，該擦的擦，不一會兒就把亂得像豬窩的房間收拾得清清爽爽。

馮哲看了看她，覺得自己今天收穫真的很大。

他是在等末班車的時候遇到歐陽珊珊的，他覺得有點眼熟，就佯裝看報紙，悄悄觀察她。後來事情有點戲劇性了，一個滿臉鬍渣的男人從旁邊衝出來，男人一邊拉扯歐陽珊珊，一邊嘴裡不乾不淨地罵道：「賤女人，走，跟我回家！」

歐陽珊珊一邊大力呼救，一邊哭喊著朝眾人解釋她根本不認識這個男人。馮哲的腦子裡突然閃過一道亮光，他想起在社群軟體上看到的婦女遇害案例，說是一些犯罪分子當街毆打女人，並強制帶她們離開，而女人呼救並沒有公眾願意伸出援手。當今社會，自己的事情都拎不清，誰還管別人夫妻的閒事？結果當然是犯罪分子得逞。

想到這，馮哲一腳踢過去，男人一看不妙，轉身就跑。那一刻，馮哲覺得自己被一圈英雄的光芒籠罩著，所以，當歐陽珊珊可憐巴巴地說自己遭遇小偷身無分文時，他的英雄氣概使他義不容辭地帶歐陽珊珊回了家。

有時候，豔遇是使男人成熟的法寶，馮哲之所以這樣想，更因為，與他好了沒一個月的梅琳居然失蹤了，走的時候留下一張字條：對不起，我不能把我的幸福賭注押在你身上，在你身上，我找不到安全感。

打掃環境的時候，歐陽珊珊看到了那張字條，她捻起來看，馮哲衝過來一把奪了過去，他幾乎是咆哮著說：「妳們女人都一樣，賤！難道只有錢才是評判感情的唯一標準嗎？」

歐陽珊珊不明所以地看著惱怒的馮哲，她試圖安慰他，卻不知該怎麼做。時空似乎靜止了幾秒，馮哲低垂的頭抬起來的時候，他愣住了。

他看見歐陽珊珊水藍色的裙子墜落在地，呈現在他眼前的是一具飽滿、婀娜有致的女人裸體，朝他張開手臂。馮哲忽然覺得自己渾身的血液都湧上了大腦，那一刻他沒法控制荷爾蒙劇烈的膨脹。

馮哲輕輕地撫摸歐陽珊珊白瓷般的肌膚，緩慢地吻過她的腳踝，她的小腿，蜿蜒而上，直到，捉住她豔麗的唇。

豔遇，真是豔死人不償命！當眩暈的感覺襲向四肢的每一個細胞時，馮哲嘆著氣摟緊了歐陽珊珊。

◆殘酷真相

馮哲把自己的苦水一股腦地倒給了歐陽珊珊，說他和梅琳的相識相愛，說他準備娶梅琳為妻，說梅琳無緣無故丟了腎，說他沒有正經工作沒辦法給梅琳一個富足的生活……他抬起飽含熱淚的雙眼問：「妳會離開我嗎？」

歐陽珊珊正在搓洗馮哲的衣服，她的手抖了一下，這個細節被馮哲悄悄看在眼裡。她想說不想離開，可是這時她的手機響了，鈴聲尖銳刺耳。她扔下正在洗的衣服，奔到門外去接電話。

馮哲心底感嘆一聲：看來這輩子，自己只有豔遇的命，卻無婚姻的命，沒有哪個女人願意跟著吊兒郎當的自己過日子，活該，誰讓自己沒本事呢。他覺得梅琳說的對，梅琳說他有臆想症，常常幻想得不到的東西，比如一夜暴富，比如找個像梅琳那麼漂亮的女人做老婆，生兩個孩子，過幸福小日子。

臆想症，想到這裡，馮哲又不由自主想起了梅琳。她現在還好嗎？她在哪裡？

歐陽珊珊回來時，臉上滑過一絲不易察覺的驚慌。她鑽進馮哲懷裡，當她的唇與他相隔只有三公分時，馮哲全身像是著了火，呼啦啦，劈里啪啦地燃燒起來。他忽地躍起，將歐陽珊珊攔腰抱起，只一瞬，他就和她纏繞在一起，難分難捨，欲死還休。

馮哲賣力地討好著歐陽珊珊，電視裡的肥皂劇聲音很大，掩蓋了歐陽珊珊在他耳畔的囈語：「我真想一輩子在你身邊……可是……」

馮哲真想醉死在那場歡愛裡永遠不要醒過來。歐陽珊珊從他身下爬起來時，輕輕在他額頭印了一個吻，說：「你看一下電視，我去做飯給你吃。」

到底這輩子能不能夠擁有情深意濃的日子，馮哲不知道，他只知道，當小小的房間裡瀰漫起香噴噴的飯香時，他忽然感覺肚子很餓，於是那頓飯，他比往常多吃了一碗。

馮哲不知是怎麼迷迷糊糊睡著的，等他醒過來的時候，覺得四周籠罩著一種奇怪的驚悚。

一個小小的房間，燈光刺眼，房間四壁死樣的白，瀰漫著難聞的消毒水味道，耳邊傳來陣陣器械碰撞的清脆聲音。

一個穿著白袍的男人朝他走過來，舉起針管，拿起他的手臂，沒等他叫出來，針頭已經刺進了他的靜脈。意識漸漸消退，半夢半醒間，馮哲聽見一個男人對另一個男人說：「梅琳這丫頭辦事不力，還是梅雨厲害，一下子就把他放倒了。」

誰是梅琳？誰又是梅雨？

馮哲無力去想，他的四肢漸漸失去知覺，思維也停止了。

✦握不到的手

馮哲從沒睡得如此香甜，醒後有一縷陽光透過窗戶打在他臉上，刺得他睜不開眼。

聽解救他的警察講，是一個女人打的電話，他們趕到的時候，穿白袍的男人正拿著一柄手術刀在他肚子上比劃。

女人呢？馮哲驚恐交加，仍念念不忘歐陽珊珊。

死了。打那個電話時，她衝上了附近那座大樓的天臺，是被人推下樓的。

馮哲心裡一震。他只覺得瞬間似乎有萬千支尖利的劍，齊齊刺向他的心臟，令他痛得無法呼吸。

只抓到了主刀的男人。年齡稍長的警察察看著馮哲，豎起了大拇指：「小馮，我向局裡申報了，這次不但為你恢復職務，還會通報表揚你。」

因為一個案子被撤掉警銜後，馮哲一直不甘心，他離鄉背井，跑到陌生的城市追查那個非法盜腎的犯罪集團。他想立功贖罪，回到職位上，他是那麼熱愛自己的事業。

現實永遠比想像殘酷，他遇到了梅琳，從而被愛情俘虜。有一陣子，他甚至想，他要和這個女人白頭到老。可是他低估了這個女人，當他們有了身體的糾纏，她就不再滿足於那一瞬間的快感，她不只要愛，還要安穩，要婚姻，要永遠。

這些，馮哲給不了她。但是歐陽珊珊不一樣，她什麼都不要，她說：「我只要跟你在一起，在一起就夠了。」

愛情是什麼，就是糾結。馮哲走在去見梅琳的路上，這樣告訴自己。

梅琳看起來很憔悴，當看見穿了一身警服的馮哲的時候，眼睛瞪大了。馮哲心裡滑過一絲隱隱疼痛。

梅琳眼睛裡的哀傷令她看起來楚楚可憐，馮哲腦中不由自主地出現了一些回憶的碎片。

碎片一：馮哲用修長的手指撫過梅琳肚子上的疤痕，疼惜地問她：「疼嗎？」梅琳嚎啕大哭著說：「疼，抱緊我！」

碎片二：每次撕心裂肺地歡愛，梅琳總喜歡玩SM，她說這樣才有激情；每次被激情控制的馮哲都會在梅琳白皙的肌膚上留下一些傷痕，不過，梅琳說：「愛情是開在傷痕上的罌粟，我喜歡。」

碎片三：馮哲跟蹤了梅琳，他其實並沒回老家，只是躲了起來，他親眼看見梅琳從一家隱蔽的紋身店出來，當晚，她的肚皮上就有了那道難看的疤痕，針腳粗大，可以亂真。

馮哲撣掉一截長長的菸灰。看來他猜得沒錯，梅琳的確有犯罪動機，她掌握了馮哲的一切醫學資料，得知他的腎臟正是集團老大急需的，如果賣給那個商人，會賣個好價錢。所以她走進他的生活，可是為什麼遲遲不動手呢？

難道，她的目的只是提醒馮哲，犯罪分子在這座城市很猖獗？這說明，她愛他？

一場陰差陽錯

案子水落石出了。把歐陽珊珊推下樓的男人交代，向警方通風報信的女人歐陽珊珊，因為要籌錢為家中重病的老父親做手術，所以借下高利貸，誤入歧途，栽進犯罪集團手中，集團老大脅迫她勾引那些不得志的男人，然後伺機下蒙汗藥，只要把人送到他們的祕密手術室，她就可以拿到一部分錢，當然，集團老大承諾，只要完成十個人的「任務」，就放了她。

整理歐陽珊珊的遺物時，馮哲從她的貼身衣兜裡找到了一封手寫信。她在信裡寫道：

我愛你，可是我不知自己有沒有資格說這三個字。

其實，遇到你，我第一次有了同病相憐的感覺，那種感覺裡似乎還摻雜著愛情。我覺得，你才是我一輩子可以依賴的男人。在你狼吞虎嚥吃掉我做的飯時，我動搖過；在路上，我動搖過；直到麻醉劑在你的血管裡奔流的時候，我終於警醒了。

我怎麼能對自己愛的男人下手？那豈不是蛇蠍不如？握不到你的手，是我今生最大的遺憾。

請善待梅琳，她跟我一樣，中了愛情的毒。

馮哲心裡明鏡似的，同樣遭受脅迫的梅琳因為聰明，所以玩了失蹤，而死腦筋的梅雨，卻香消玉殞。

馮哲又做回了一個警察，重新和梅琳在一起，他向她求婚，問她：「妳願意跟著我嗎？就算我沒辦法給妳大富大貴的生活。」
梅琳喜極而泣：「我願意跟著你一直到死。」
他擁著她，緊緊地。
每當家裡升騰起煙火味的時候，馮哲總會想起歐陽珊珊，那個真名叫梅雨，是梅琳妹妹的女子。他把這個祕密掩埋在心底。他知道，失去梅雨，梅琳比他更心疼。
就像繆斯的詩裡寫的一樣：我愛著，什麼也不說；我愛著，只我心裡知覺；我珍惜我的祕密，我也珍惜我的痛苦。
馮哲對自己說：臆想症，每個男人都會有，有時僅僅是對愛情的美好憧憬。

咫尺，天涯

◆難得男人不貪財

龍曉梅開車撞了人。
刺耳的煞車聲劃破了靜謐的夜空，當那個男人哀號一聲翻滾進路邊的小溝裡時，龍曉梅嚇懵了，低頭尋找離合器準備逃逸。

可是她居然怎麼也找不到離合器。真邪門！

男人爬起來，踉蹌著過來一頭撲在汽車引擎蓋上，臉上流著血，喘著粗氣瞪著擋風玻璃後面的她。龍曉梅有點怕了，壯起膽抖著腿下車問他：「我送你去醫院？」

男人死盯著龍曉梅不說話，盯得她渾身發毛。

從男人走路的姿勢龍曉梅斷定，他傷得並不重。這讓她稍微鬆了一口氣。這年頭，有錢能使鬼推磨，破財就能免災。可是當她從挎包裡掏出一沓鈔票準備數一些給他時，男人擺了擺手：「算了，輕傷。」

一般像這種情況，傷者要麼死纏爛打去醫院，要麼付錢私了。否則，一個電話，交警就會趕來。所幸是深夜，這條路又有點偏僻，並無行人。而男人既沒死，又沒斷手臂斷腿，龍曉梅暗自慶幸。

她掏出紙巾幫男人擦拭臉上的血汙，這才發現這個男人其實長得不賴，雙眼皮，鼻梁挺直，臉部輪廓很有型。

藉著橘黃的街燈，她感覺到，他看自己的眼神漸漸灼熱，不可抵擋。龍曉梅還是堅持帶男人去醫院做了包紮。從醫院出來，龍曉梅要了男人的電話。她說：「我會一直負責到你康復為止。」

「好吧，我叫趙謙。」男人說。

半夜，龍曉梅坐在我的沙發上，講完了所有細枝末節，摸出一支菸點燃，徐徐吐出一口煙霧：「妳說一個被撞了卻沒有趁機索取錢財的男人，是不是很難得？」

我拍拍她的頭：「是。」

◆愛情遍地賤人

龍曉梅第二天就打了趙謙的電話，要了他的住址。

趙謙住在一棟陳舊的公寓裡，樓梯昏暗，牆壁斑駁，樓梯裡充斥著混雜不明的飯菜味。龍曉梅嫌惡地皺了皺眉。在303門口，龍曉梅停住腳步，門裡傳來劇烈的吵架聲。就在她不知道該進還是該退時，舊防盜門嘩的一聲拉開，衝出一個女人差點撞到她。龍曉梅捋了捋頭髮對女人說：「我找趙謙，他在嗎？」

女人一把將龍曉梅拽住，歇斯底里地衝趙謙吼：「你就是為她才跟我分手的嗎？」

龍曉梅厭煩地掙脫女人。趙謙坐在破舊的沙發上，突然，他衝過來一把將她摟進懷裡，朝女人吼：「對，莎莎，就是她，現在請妳立刻滾！」

女人愣怔片刻，將龍曉梅從頭到腳打量一遍，眼神從咄咄逼人瞬間變得頹敗不已，活像鬥雞中失敗的一方，垂下驕傲的頭顱，然後，一聲不吭地走了出去。

任何一個有自知之明的女人，在遇到比自己氣場強大的女人時，都是這副德行。龍曉梅得體的打扮擊敗了她：香奈兒最新款套裙，在香港才能買到的路易威登限量包，僅這兩樣足矣。

趙謙解釋：「她就那臭脾氣，我們合不來，可她死活不放開我。」

他拍拍手：「幸虧有妳做擋箭牌，總算解脫了，謝謝妳。喝點什麼？」

「茶。」

龍曉梅後來跟我講到這裡時，咯咯笑起來：「我和趙謙坐在他那舊得看不出顏色的沙發上喝茶，因為初次相識，所以兩人都不知道說點什麼才好。良久，我指著他的頭問：『還疼嗎？』他竟然湊過頭來說：『妳摸一下就不疼了。』唔，這男人可真會撒嬌。」

這個我能想像得到，任何一個試圖對女人有非分之想的男人，總會用各種花招去迷惑她，挑逗她，繼而擊潰她。看來，龍曉梅果然遇到了一個想要得到她的男人。

龍曉梅把趙謙纏著紗布的頭攬進懷裡之後，沒有絲毫懸念，趙謙的唇貼上了龍曉梅的。冰涼的薄荷味。趙謙捧著她的頭，開始吻她。他吻得很細緻，先是逡巡在唇角，然後用舌尖撬開她緊抿的唇瓣，探進去，捲住她，纏緊，吮吸，輾轉。她在他給予的深吻裡沉醉，迷離，走失。

一吻未畢，龍曉梅大力掙脫出來，緋紅著臉說：「我們出去走走？我有點熱。」

她還不想第二次見面就把自己的身體給他，她想再等等，等一個合適的機會。

趙謙伸手刮了一下她的鼻子，說：「好，聽妳的。」

龍曉梅非常喜歡男人說這句話，這讓她覺得很舒服。她跟前男友在一起的時候，前男友說東，她不能朝西，他說清晨做愛，她不能在晚上纏他。他在讀碩士，要寫論文，總是很忙的樣子，很多個夜晚，龍曉梅獨自睡在被窩裡，聽他敲擊鍵盤或者翻書的嘩嘩聲。等她昏昏沉沉睡去，他性致來時，會在半夜或者清晨粗暴地拉她起來做愛，毫無美感，純粹就是生理發洩，做完他就背過身呼呼睡去。

那個男人很少吻她，即便吻，也是蜻蜓點水的敷衍。她有時非常渴望法國電影裡那種讓人渾身都戰慄的舌吻，可是前男友從來不給她。

可是誰讓她那麼愛他呢？愛一個人，就賤，就落了下風。她有預感，在她和趙謙之間，明顯地，她占了上風。

真人體宴，假感情

龍曉梅正要發動引擎，手機提示收到簡訊：「我愛上妳了，怎麼辦？」她沒理會，風馳電掣般將車子開到我家樓下。男人的胃口要吊足，這一點，她比誰都懂。

接下來龍曉梅有一週的時間沒見趙謙，她關掉手機，去超市採購了一大堆食物，塞滿了我的三門冰箱。我和她宅在屋裡，看影碟，激烈爭論吳彥祖和強尼·戴普哪個更有男人味。有時候我們也會沉默半天，各自蜷縮在一個屋角。

我和龍曉梅是髮小，她去里茲留學這麼多年，我們就沒見過面，她這次回來後，我們整天膩在一起敘舊，無聊了就拎某個前男友出來狠狠地問候一通他的祖宗八代。

第八天，龍曉梅打開手機，上百條簡訊蜂擁而至，都是趙謙的。

我想妳。我愛妳。

為什麼關機？妳在哪裡？

親愛的，不要再折磨我了，我要見妳……

龍曉梅將詢問的眼光拋向我，我說：「打電話給他讓他過來，我躲起來。」

龍曉梅起身進了浴室。溫熱的水流打在她光潔的胴體上，堅實的乳房，柔滑的腰線，翹挺的臀，每一寸肌膚都宛如凝脂。鏡子裡的她更是擁有一副無可挑剔的容顏。

我靠在浴室門邊看著她，聽她衝我喊：「我這麼好的身材，那些男人是瞎了眼嗎？」提起她的那些前男友，龍曉梅簡直就是咬牙切齒地恨。據她所說，她交往的所有男人平均不出一個月就會跟她提分手，這讓她對男人異常痛恨。

其實不難想像，每一個為男人付出初戀情懷和處子身的女人，要麼愛他愛得翻天覆地，要麼恨他恨得刻骨銘心。龍曉梅不過是經歷了幾場無疾而終的感情，其實對於男人，我比她恨得更歇斯底里。

趙謙按響了門鈴。我轉身走出房間，來到凸窗後面的晾臺上，找了個合適的位置。從我的視線看過去，左邊剛好能看見臥室，右邊則對客廳一覽無遺。

看到龍曉梅住的房子居然如此奢華時，趙謙的喉嚨裡發出一連串的嘖嘖讚嘆。當他迴轉身來，原本裹著浴衣的龍曉梅片刻之間就不著一縷，她看著他的表情瞬息萬變，咯咯笑了，拉起他的手放在自己的胸脯上。

「抱我。」龍曉梅呢喃道。

趙謙猛地抱起龍曉梅，像電影裡那樣，一圈一圈旋轉，旋轉。強烈的暈眩感遍布龍曉梅渾身的每一個細胞，轉到臥室的時候，龍曉梅指著牆角的保險箱對他說：「我有很多很多錢，可是沒有很多很多愛。你說我是不是很可憐？」

這時候的趙謙已經沸騰起來，他的唇霸道地侵襲了她的口腔。倒下之前，龍曉梅阻止他，說：「等下。」

她光溜溜地去酒櫃拿了一瓶產自波爾多的原裝紅酒，衝趙謙嫣然一笑：「親愛的，我們玩人體宴。」

對趙謙而言，那是極其豐盛的一道大餐。

血紅的酒一點點傾倒在龍曉梅的皮膚上，從鎖骨至乳房，蜿蜒，綿延，直到平滑的小腹。趙謙一邊吸吮那些液體，一邊用手指戰慄地遊走在她曼妙的身體上。

他們在馥郁的酒香裡做了一次。做第二次時，趙謙捂著頭說他有點累，需要休息一下。他的眼皮開始掐架，龍曉梅跳下床來到凸窗上，衝站在窗簾後的我擠了下眼睛：「搞定了。」

我點點頭，走進房間。趙謙裸著身子躺在我的床上，眼睛微閉著。我俯下身子看他，這個男人，裸著也好看，堅實的腹肌，健康的小麥色肌膚，腰部看起來很有力。

我輕吻了一下他的額頭，站直身子，感覺鼻頭有點發酸。龍曉梅大聲問趙謙：「你認識張小覺嗎？」

很顯然，趙謙驚了一下，但他無法抗拒嚴重的睡意。我上前使勁拍他的臉把他拍醒，趴在他臉上說：「我就是張小覺啊，我沒死，你不認識我了嗎？」

趙謙像是被炭火燙了一下，一下驚醒，猛地坐起來，眼睛裡充滿恐懼。

「混蛋！」我掌摑了他。

✦絕非偶然

趙謙就是我那背信棄義的男友。那時，窘迫的家境使他的讀研生活難以為繼。而我，雖然出身優渥，卻沒喝過多少墨水，極其渴望與滿腹詩書的男人相愛。為了得到不摻雜金錢的真愛，我喬裝成兼讀生，在油膩的小餐廳洗盤子，然後把洗盤子換來的錢全都拿給他用。趙謙信誓旦旦地對我說過：「張小覺，我會愛妳，一直，永遠，不離棄。」

「我信。」沉迷愛情的女人總會輕易相信男人的誓言。

所以他要電腦，我買給他；他要手機，我買給他……懷孕那天，我驚喜若狂地告訴他，並說我們該結婚了。沒想到他卻冷冷地說：「去打掉，現在就要孩子，妳是不是瘋了？」

我的大廈瞬間傾頹。沒幾天我親眼看見他摟著一個漂亮女孩招搖過市。

女人被逼急了真的是什麼事都做得出來，我威脅他，說會把孩子生下來，抱到他系裡去毀壞他的名聲。

乞求威嚇都沒用，我只有以淚洗面。令人匪夷所思的是發生在他出租屋的一場火災，他逃了出去，而我「葬身火海」。後來透過調查我才知道，那把火是趙謙蓄意而為，想把我燒成一把灰。

我愛的這個男人可真是絕，為了自保，不惜讓我死。我終於看清了這個男人的嘴臉，也終於清醒了，不再迷信愛情。

可趙謙打死都想不到我居然還活著，只是隱匿了。我的半邊臉被毀，儘管做過多次整容，卻仍舊無法恢復原本姣好的臉龐。我大多數時間宅在父母為我新換的房子裡，痛苦得幾欲輕生。龍曉梅回國後得知了我的遭遇，憤憤不平地說一定要替我出這口惡氣。

報復一個負心情郎，最好的辦法就是讓他愛上一個有錢女人，然後剝開殘酷的真相，把他一巴掌打到十八層地獄！快意泯恩仇，江湖上不都是這麼幹的？我甩出大把的鈔票給龍曉梅，讓她武裝自己，然後開著大紅色的豪車「撞」了趙謙。

一直致力於尋找富家女的趙謙怎能錯過天賜的把妹良機？把錢看得比感情重要的他，一頭栽進我和龍曉梅設的局。

我在紅酒裡加了微量的安眠藥，那一點，足以讓他乖乖任我們擺布。一切都按照我的計畫嚴絲合縫地進行。

警察衝進我家的時候，看到了這樣的場景：我和趙謙暈倒在客廳，而龍曉梅被趙謙五花大綁在床上，保險櫃大開，所有的現金都在趙謙的包裡。警察推斷出的事件始末與我的講述吻合：趙謙進入房間時家裡只有龍曉梅一個人，他強暴了她並且綁起她逼問保險櫃密碼拿走現金，這時我回到家裡，我們發生了肢體衝突……

等我清醒後錄完口供，趙謙已經被警察控制了。他幾欲申辯，可是鐵證如山，誰會聽他的？其間，他說道，龍曉梅是他的女友，他們不過是在做愛而已。這句話一出口，龍曉梅就衝過去唾了一口唾沫在趙謙臉上。

我趴在窗臺上看著趙謙被呼嘯的警車帶走，眼淚終於不受控制地流了下來。

✦ 愛在天涯

我背起行囊離開了這座傷痛之城。

離開之前，我留下了一封信給龍曉梅：「曉梅，只要我活著一天，我就不會忘記，十六年前的妳和我，曾在開滿雛菊的河岸邊相互許下諾言，那時我們對這個世界充滿了懵懂與無知，妳說妳愛我，我也是。其實我知道，這些年妳努力過，妳試圖用男女之愛來救贖自己，卻每每被男人傷了心。可是妳知道嗎，愛是原罪，謝謝妳愛我，可是我更愛趙謙，即使他身陷囹圄。」

轉身的時候，心有點疼。

當然，我不會等趙謙出來，已經破碎和絕望的愛，如何還能破鏡重圓？

當然，我這輩子都不會再見龍曉梅，我要永遠地從她的生活裡逃遁出去，並真心祈願，她能徹底從對我的愛裡走出來，找到一個她真正愛也愛她的男人。

水晶耳墜

✦男人光有好皮囊不行

覃佑銘睡得天昏地暗的時候，被一陣急躁的電話鈴聲吵醒，他從枕邊摸起手機按下接聽鍵，是個女人，聲音沙啞中透著明顯的疲憊：「是覃先生嗎？我想跟你合作，能否面談？」

覃佑銘趕緊說行行行。女人說了見面地點，他一個鯉魚打挺從床上蹦了起來，衝進洗手間洗了個冷水澡，挑了件比較體面的衣服穿上。出門前，他對著鏡子裡又帥又高又有氣質的男人打了一個響指自言自語：「武熙熙，沒有女人，我照樣活！」

這間三十平方公尺的蝸居位於榆樹街，雖然地方不大，但是被武熙熙收拾得溫馨而浪漫，粉紫碎花窗簾，粉藍桌布，就連他和她的拖鞋，都是帶著卡通圖案的情侶鞋。可是就這樣一個對他們的愛情充滿高漲熱情的女人，卻突然失蹤了。

她就像炎炎烈日下的一滴水，掉在滾燙灼烤的水泥地上，瞬間蒸發，蹤影皆無。

覃佑銘掰著手指算，武熙熙已經離開他三天了，沒說去哪裡，也沒拿換洗衣服及盥洗用品。第一天，覃佑銘想著她在外面逛累了，晚上就會回到自己身邊，可是沒有。第二天，第三天，武熙熙還是沒回來。

其實也怪覃佑銘，三天前，他和武熙熙鬧了點小彆扭。那天是武熙熙的生日，覃佑銘帶她去逛商場，說衣服隨便挑，他買給她，還暗示她，準備在這天向她求婚。他的兜裡揣著一條早已買好的水晶項鍊，他覺得這條項鍊晶瑩剔透，配得上他和武熙熙的純真愛情。

可是，路過金店的時候，武熙熙一頭紮進去，非要覃佑銘買心儀已久的鑽戒給她。她眼神灼灼地看著他說：「你不是要向我求婚嗎？喏，就要這個吧。」

鑽戒不大，但是覃佑銘囊中羞澀買不起，他低聲下氣地跟她說，他肯定買鑽戒給她，不過得等他有了錢，到時買更大的給她。但是，武熙熙像變了個人似的，當著兩個捂嘴偷笑的女店員的面罵覃佑銘是「上不了臺面的窩囊廢」，然後頭也不回踩著高跟鞋走掉了。

覃佑銘當時很生氣，很無語。現在的女人怎麼都這麼勢利，恨不得錢就是爹媽，只要有錢，男人老點醜點都無所謂。而像他這樣生就一副好皮囊的男人，只是手頭緊點，滿足不了她日益膨脹的金錢欲，就活該落下個窩囊廢的名聲？

他罵罵咧咧地走出商場，回到住所，三天三夜沒下樓。餓了吃泡麵，渴了喝涼水，吃飽喝足就睡覺。

他覺得很爽。

風情萬種的女人

覃佑銘坐計程車前往女人約見面的茶館。路上又塞車了，擁擠的車流令他頭痛欲裂。

最近，覃佑銘常常頭痛，醫生說他這是用腦過度需要休息，可是他不能歇，因為他要盡快攢錢，好為武熙熙買鑽戒。醫生最後給他的診斷是強迫症。

覃佑銘承認，醫生的診斷正確，他一直強迫自己變成有錢人，或者說，強迫武熙熙只愛他一人。

所以，在武熙熙果斷地離開時，他沒有追她，而是發誓再做最後一單生意，就金盆洗手做點正經營生，他相信武熙熙會自己回來。

其實覃佑銘的不正經工作是開了家空殼公司——真愛調查所，生意不太好。所謂真愛調查，說白了就是私家偵探，只不過聽起來更冠冕堂皇些罷了。

茶館位於一條小巷，覃佑銘進去的時候，女人已經在約定的包廂等候良久。裹在一襲略顯華貴的黑裙下的女人雖然很瘦，但是腰細胸大。

女人摘下墨鏡：「你就是覃佑銘？」

覃佑銘裝出一副正經樣子：「有事請直說，這是行業規則。」

「那好，我需要你配合我做一個遊戲。酬勞優厚，但你必須隨叫隨到。現在就開始？」

覃佑銘見過痛快的，沒見過這麼痛快的，在他以往做過的單子中，很多怨婦往往一上來就甩出一沓豔照，然後悲憤地說：「一定要把這個男人的所有齷齪事給我翻個底朝天！」

蘇雅卻不同，對，她說她叫蘇雅，心理診療師。她開給覃佑銘一天一萬塊，按天數算。

覃佑銘樂瘋了，打算多磨蹭幾天。這樣，買下那枚鑽戒就不在話下了。

蘇雅坐在沙發上，兩條裸露在外的纖細小腿規矩地併攏，微微斜向一方，知性，有涵養，無端地令覃佑銘留下第一眼的好印象。

她拿出一部手機，讓覃佑銘按照她紙條上所寫的內容，與即將撥打的電話裡的男人對話。撥通電話前，蘇雅與覃佑銘進行了短暫的溝通。她說：「你必須裝作一個無恥、下流、猥瑣的男人與對方交涉，我要的結果就是擊潰對方的心理防線，然後……」

覃佑銘注意到，蘇雅漂亮的眼眸裡瞬間滑過一絲哀傷。

「然後什麼？」覃佑銘問。

她沒有回答，嬌眉微蹙，拿過手機發出去一段影片，然後把紙條遞給覃佑銘，順便撥通了電話。

電話通了。對方顯然已經看到了影片，聽筒裡傳過來的聲音有些哆嗦。覃佑銘壓低聲音，調整了一下呼吸，用街痞流氓的語氣照著紙條念出了第一句：「你老婆可真迷人。」

男人顯然一驚：「你是誰？」

按照蘇雅的指示，覃佑銘當然不會回答他的問題，他按照紙條又念出了第二句。這句稍微有點長，覃佑銘先在心裡順了一遍，然後陰陽怪氣地念道：「消瘦的女人通常胸部都很平，可是你的老婆卻很豐滿，摸起來是什麼感覺？會讓你很興奮嗎？胸大的女人親熱起來聲音也一定很大吧？」

這幾句顯然擊中了男人的七寸，男人結結巴巴地回答覃佑銘：「那當然。你不要掛電話！」

事情進行到這裡，覃佑銘很想猜測一下蘇雅與男人的關係。首先，他排除了夫妻關係，那麼男人是蘇雅的情人？蘇雅因為得不到他對自己許下的婚姻的承諾，一氣之下透過這種手段逼宮？

女人總是比男人更容易失去理智。

在覃佑銘唸完那一長串性感火爆的句子時，他沒法不對身邊這個女人產生興趣。他稍加玩味地打量著蘇雅，膚白，消瘦，胸大，甚至有點洶湧的味道。

「今天就到這裡。」蘇雅拍給覃佑銘一萬元扭身便走。

覃佑銘覺得這個女人的氣場太強大了，他就像一枚失去方位的指南針，在這強大的氣場籠罩下找不到北。

✦ 棋逢對手

覃佑銘覺得自己陷進了一個迷宮，謎一樣的蘇雅正帶領他玩一個奇怪的遊戲。每次她來找他，都會請他跟那個男人對話，那些曖昧、私密的問話從覃佑銘的喉間一個字一個字地湧出去，常常令他身體不自覺地潮熱、飽脹、難耐。

兩天後，蘇雅報出地址請覃佑銘上門完成當天任務，說是特殊情況，會幫他額外加五千元。

覃佑銘欣然前往。

覃佑銘進門的時候，男主人剛好要外出，他向覃佑銘微笑頷首，回首又對蘇雅說再見。蘇雅表情僵硬理都不理男主人，男主人尷尬地打開門大步流星走了出去。

房子裝修奢華，卻處處透露出一種冷清的肅殺。覃佑銘以自己多年私家偵探的靈敏嗅覺，隱隱捕捉到一絲不和諧的訊息：如此漂亮的房間裡竟找不到一張夫妻合影，這說明什麼？說明他們之間有著不可調和的矛盾。

蘇雅解釋，之前與覃佑銘通電話的男人叫喬大林，是她丈夫，就是剛從這裡走出去的男人。

覃佑銘的思維一下子混亂起來，他很想問蘇雅，她在做什麼？原因又是什麼？

蘇雅沒有給他機會，拿出紙條說：「喏，繼續。」

覃佑銘撥通喬大林的號碼。喬大林沒等覃佑銘說話就語無倫次地請求見面，覃佑銘陰笑了一聲說：「喬大林，你們每週至少要做三次，對嗎？」

喬大林唯恐他掛掉電話，驚慌失措地順著他的意思答：「最少也要三次了。」

覃佑銘嘎嘎笑著繼續：「你可真厲害！我喜歡溫柔地搞，不喜歡粗暴，你喜歡哪種？」

喬大林的回答讓覃佑銘差點笑噴，他內心明明充滿恐懼，卻還裝作鎮靜地回答：「我兩種都喜歡……你在哪兒，我要見你！我要見你！」

覃佑銘掛了電話。因為他聽見蘇雅在哭泣。

一個壓抑著滿腹悲傷的女人哭起來很難不讓人動容，覃佑銘攬了攬她的肩，想給她一絲安慰，她卻冷不丁問他：「男人為什麼都喜歡撒謊？他帶孩子出去出了車禍，我明明看到他和一個女人在一起，他卻矢口否認。」

蘇雅的眼睛裡充滿了仇恨：「只要他肯承認背叛了我，我就此罷休，我最恨男人說謊！」

覃佑銘飛快整理了一下思緒。其實蘇雅使的招數很簡單，她利用心理學知識，透過匿名電話給喬大林施加壓力，從而逼他防線崩潰講出自己背叛婚姻的事實真相。

覃佑銘不由得失笑，看來，職業本能令他把事情複雜化了。

蘇雅哭倒在覃佑銘懷裡，她薄衫下的乳房飽脹著，抵在他的胸口。是個男人都沒法拒絕到手的誘惑，更何況，武熙熙的離開是那麼決絕，他急切需要用另一個女人的慰藉來趕走心底的不痛快。就如同，蘇雅需要用他來報復喬大林。

蘇雅像魚一樣滑進覃佑銘身下，她沉默著，撲騰起白色的浪花。那些浪花狠狠打在覃佑銘身上，讓他雀躍，歡喜，驍勇異常。他將她用力揉進自己的身體裡，問她：「你愛他，對嗎？」

她不回答，更加纏緊了他。

沉默對決，喘息也壓到很低。這是一場真正棋逢對手的性事，所向披靡，戰無不勝。

結束後，覃佑銘站在窗邊點了支菸。窗臺上一枚水滴狀的水晶耳墜引起了他的注意，他順手撿起來看，被蘇雅一把奪過去，並迅速放進化妝包。

覃佑銘看見，她臉上的表情瞬息萬變，居然有點怪異，不安，慌亂。

愛是安全的存在

第二天，蘇雅約覃佑銘去茶館時，覃佑銘說：「不用跑那麼遠，我就在附近，馬上到妳家。」

說實話，覃佑銘不是貪戀昨日一晌歡情，而是想再看一眼那枚水晶耳墜。

喬大林不在，蘇雅這次的紙條上寫著：你會和你妻子一起洗澡嗎？

覃佑銘問喬大林，喬大林的回答鎮定自若：「當然會，夫妻都會。」

接下來的句子完全出乎覃佑銘意料了，但他不得不硬著頭皮擺出一副流氓樣：「你妻子是我喜歡的類型，腰細胸大，讓我試一下行嗎？就一次。」

喬大林沒有回答，聽筒裡是長久的沉默，覃佑銘聽見了雜亂的腳步聲。緊接著，事情變得無法掌控。門被突然打開，幾個警察衝了進來，喬大林握著手機跟在後面，神情看起來很悲傷。

警察用槍指著蘇雅。沒想到這個瘦弱的女人居然釋然一笑，聳聳肩說：「跟我來。」

那是一間搖曳著昏暗燈光的地下室，角落裡，被麻繩捆綁著的女人已然奄奄一息。覃佑銘驚叫一聲撲了過去，居然是武熙熙，失蹤了整整一週的武熙熙！警察解開捆縛武熙熙的繩子時，她哭著用力甩了覃佑銘一個耳光：「覃佑銘你個窩囊廢，你為什麼不找我？我以為你會出來追我……」

覃佑銘緊緊抱住武熙熙，任憑她在自己肩頭啃、咬、抓。

是覃佑銘報的案，那枚耳墜引發了他的懷疑。他在蘇雅臥室看見的耳墜和武熙熙耳朵上戴的耳墜一模一樣，那是他花三十塊錢從地攤上買的，武熙熙很喜歡。

蘇雅涉嫌非法拘禁。警察的問訊結果顯示，蘇雅趕到車禍現場時晚了一步，武熙熙已經把嚇得癱軟的喬大林和受傷的孩子送往醫院。蘇雅趕到醫院時，恰好看見喬大林握著武熙熙的手千恩萬謝，她掏出手機拍下了那段影片，然後等在走廊出口，找藉口將武熙熙哄上了她的車子，隨後對她用了催眠手法，把她軟禁在地下室。

這一切，喬大林毫不知情。那些天，他奔走在大街上，尋找那個危急關頭把孩子送往醫院卻蹤影全無的女人，他只是想還給她一枚她倉促丟失的耳墜。

收到陌生手機號碼發給他的那段影片，他不怕，他沒做虧心事，但是電話裡那些充滿情色的話讓他以為自己的妻子受到了威脅，他很懼怕，他要蘇雅安全。

喬大林遞給覃佑銘一支菸，落寞地說：「我妻子醫好了許多人的心病，卻醫不好自己的，她總是懷疑與我接觸的任何女性。我愛她，可是愛不是說出來，而是從點滴中做出來的。」

覃佑銘點頭，心想，他該砸鍋賣鐵去買那枚鑽戒，然後向親愛的武熙熙求婚了。

沐浴在愛的謊言中

來路不明的女人

李寧的拳頭雨點一般落下的時候，人們紛紛圍上來看熱鬧，這年頭人人都自保，誰會管閒事管到人家兩口子身上？看客的冷漠助長了李寧的男人威風，他一邊繼續拳腳暴力，一邊口出不遜：「妳這個不下蛋的雞，老子白養活妳了！」

就在李寧的手再一次掄向半空的時候，有人攔住了他。他抬眼一看，是個瘦弱的女人，個子不高，眼睛裡卻有種他從未見過的堅毅。沒等他反應過來，女人一巴掌拍向他，杏目圓睜，吼道：「打老婆算本事？誰知道是不是你的毛病？」

圍觀的看客不約而同地倒吸一口冷氣，在這裡，誰不知道李寧是出了名的壞脾氣？他開商舖賺了不少錢，三代單傳的他這輩子最大的夢想是有個兒子，可是老婆文芳的肚子卻偏偏不爭氣，結婚三年了遲遲不見動靜。

起先，李寧以為是機緣未到。這世道，愛情講究機緣，升官發財講究機緣，傳宗接代對於某些人來說就更講究機緣了。

可是，漸漸地，李寧就不淡定了，他不能叫一條街的人看他老杜家的笑話，所以，他把這股怨氣通通發洩到了文芳身上。

空氣有一剎那的停滯，李寧住了手，女人拉起倒在地上的文芳，神態自若地替文芳整理散亂的頭髮，然後看也不看李寧一眼，拉著文芳走進斜對面的一家小店，把李寧晾在那裡。

圍觀者中有人吹了聲口哨，還夾雜著嘲笑的竊語。李寧何時受過如此大辱，他氣得臉色紅一陣白一陣。他擠出看熱鬧的人群，直接撲到小店門口，剛要闖進去，女人轉身摸了把菜刀堵在門口，朝他拉開架勢再次吼道：「有種你就跟她離婚，別以為她離了你就活不下去！」

這下，李寧徹底懵了。他發現自己不能小瞧眼前這個女人，她這句話正戳中了他的心。不知從什麼時候起，他夜夜躺在文芳身邊想著離婚這件事，然後找個能生孩子的女人重新成個家。世上女人多了，想嫁給他的也不是沒有。

可是，文芳既賢惠又沒有任何過錯，他憑什麼因為她不能為老杜家添香火就趕走她？

可是這個女人是誰呢？她是什麼時候出現的？又是何時開了這家小店？

李寧看看女人，再看看文芳，文芳在低頭啜泣，他就貿然來了句：「這是妳的意思？」

「離婚。」文芳低聲說道。

劫後逢生

一直以來，李寧以為縱使離婚也是他先提出來。文芳平素對他仰慕、愛慕，甚至帶點低聲下氣的味道，她怎麼會提離婚？除非她長了反骨！

所以，他一直有恃無恐地接受著文芳對他的各種好——洗衣做飯，在床上俯首承歡。

現在，「離婚」兩字從文芳嘴裡說出來，李寧突然有一點點的退縮，他忽然想起他和文芳相愛過的日子。那時候，他們年輕得不像話，每天黏在一起，只覺時光短暫，不夠相愛。

後來結了婚，過了很長時間的拮据日子，他們商量著等賺夠很多很多錢，就生個可愛的孩子。

如今有錢了，一切卻背道而馳，可是，真要終結當初的美好嗎？連續幾個夜晚，李寧輾轉反側不能眠。他在想，文芳是瘋了嗎？究竟要鬧哪樣？

文芳的態度不容置疑，李寧性子直，而且男人的自尊使他無法對文芳說一句挽留的話。很快，他們就辦了離婚手續。離婚當晚，李寧在街頭的小酒館喝了個酩酊大醉之後，踉蹌著回到家，看著突然空下來的房間，他把自己蒙在被子裡嚎啕大哭了一場。哭完，他爬起來，一搖三晃地出門走到街對面，「咣咣咣」地擂女人的店門。

他想，他現在落了個拋棄老婆的惡名，這筆帳得算在這個女人頭上。

女人惺忪著睡眼來開門，看見是李寧，便撩了撩肩頭的長捲髮，怒道：「大半夜鬧鬼啊？」

李寧沒說話，硬把自己擠了進去。這是家理髮店，店面很小，裡面很逼仄，房間後面用一條布幔隔開。李寧勉強撐直身子，指著女人叫囂：「說吧，妳有什麼目的？為什麼攛掇我和文芳離婚？或者，她給了妳什麼好處？」

女人撲哧一聲笑了，揶揄道：「你跟你老婆離婚關我鳥事？你瞧瞧你，像個大男人嗎？」

李寧沒想到會遭此奚落，他借酒壯膽，抓住女人的手臂，狠狠地將她固定住：「我像不像個男人，妳說呢？」

李寧原本想著女人會再次發飆，或者拿菜刀將他趕出去，但是沒有，女人居然欲推還迎，倒在了他的懷裡。這倒讓他有點無所適從，女人的呼吸軟軟地撲過來，髮絲拂在他的脖頸，令他渾身血脈賁張。

那晚的劇情實在太過俗套，李寧吻了女人，而女人則纏著他倒在了布幔後面的單人床上。她躺在他的身下，迎接了他一次比一次更為驍勇的俯衝。整個過程，他覺得自己的四肢百骸都被這個女人融化了，她要他，他給她，她花樣百出，他驍勇善戰。

事後，李寧完全清醒了，他穿起衣服就要走，卻被女人攔住去路。女人看著他，一字一句地說道：「李寧，我喜歡你，現在你已離婚，能不能考慮和我在一起？我會為你生個孩子，或者，兩個都行。」

這句話從女人嫣紅的嘴唇裡吐出來，李寧覺得自己簡直是劫後逢生，因為他發現，燈下的女人膚白貌美，更重要的是，她的臀看起來很飽滿，一看就是很能生孩子的那種。

✦你愛我嗎？我愛你

沒過幾天，再次傳出新聞，剛和老婆離婚的李寧又結婚了。事情轉瞬之間傳得沸沸揚揚，有人罵李寧沒人性，只聞新人笑，不見舊人哭，被窩才冷了幾天就按捺不住尋了新歡。也有人對桑妮指指點點罵她是狐狸精，說她肯定是看中了李寧的錢，否則，一個年輕單身女人為何要嫁給一個離異男？

各種說法，各種鄙視，不過，桑妮卻坦然得像聽不見一樣，全心全意做起了家庭主婦，每天早上挽著菜籃子去菜市買菜，下午則安安靜靜地坐在小洋樓的二樓陽臺上繡十字繡。李寧從外面回來，她會像只花蝴蝶一樣飛奔到門外，笑著接過李寧手裡的包。

李寧很滿足，夜夜擁著桑妮膩滑的身體酣暢淋漓，漸漸地，他發覺自己愛上了這個來路不明的女人。

人們總是習慣接受眼睛看到的，漸漸地，人們忘記了文芳，更習慣於李寧的老婆叫桑妮。

那天，桑妮告訴了李寧一個他夢寐以求的好消息：她懷孕了。

李寧剛進門，一下子沒反應過來，幾秒後，他抱起桑妮在原地轉了幾個圈，幸福的眩暈讓他覺得生活是如此美好，他一連串問了桑妮好幾句：「真的嗎？真的嗎？真的嗎？」

「千真萬確。」桑妮篤定地點點頭，然後問他：「你會愛我們的孩子，對吧？」

「愛，愛！我會把他（她）當祖宗一樣地『孝敬』。老婆，謝謝妳！」說了這句，李寧的眼眶溼了，許久以來對孩子的渴望如今變成了現實，他能不感激涕零於眼前這個女人嗎？天知道他想當爹都快要想瘋了！

這時，桑妮撫著肚子，似乎在問他，又似乎在自言自語：「你愛我嗎？我愛你。」

「我愛你」這三個字，有很多年李寧都不曾說過了，以前他和文芳愛得如火如荼時幾乎天天掛在嘴邊，覺得說一萬遍都不過癮，後來，就不怎麼說了，愛情漸漸被柴米油鹽醬醋茶淹沒，取而代之的是麻木不仁的機械般的生活。

可是現在，他回答了桑妮，他說：「我愛妳。」

桑妮笑了一下，那笑容意味深長。

桑妮懷孕的消息無疑長了李寧的男人威風，他牽著桑妮在街上晃盪，見到熟人就發菸，然後指著桑妮的肚子自豪地告訴人家：「嘿嘿，老婆有喜了，我快要當爹了。」

◆前任是浮雲

那天，李寧的車被堵在鬧市區，正無聊間，他扭頭看見一對熟悉的身影：一個是桑妮，他的現任老婆；一個是文芳，他的前任。她們親密地走在林蔭道上，不知在竊竊私語些什麼。

李寧有點發懵，他想不明白桑妮和文芳有什麼好說的，也想不通為什麼面對前夫的現任老婆，文芳不但沒表現出嫌惡，相反還特別友好，這不符合常規呀！正自覺蹊蹺，綠燈亮了，李寧駕著車隨著車流緩緩駛去，後視鏡裡，他看到兩個女人依舊在談笑風生。

晚上，李寧沒有提白天看見桑妮的事情，倒是桑妮夾了一筷子菜給李寧，認真地問他：「假如我有什麼不測，你會和文芳復婚嗎？」

李寧愣了幾秒，他以為他和桑妮現世安好，無論如何也不會出現桑妮說的什麼不測，所以，有點生氣地制止她繼續臆想下去：「說什麼呢？妳是我孩子的媽，我們得好好地過下去，不要再提文芳了，她會有她自己的新生活。」

是的，前任猶如浮雲，過去了就過去了，再提起來有什麼意思？桑妮卻咄咄逼問：「假如呢？」

李寧放下筷子，看著桑妮：「以前我愛過她，也是因為愛我們才結的婚。可是現在不同了，我愛的人是妳，妳呢？」

「我也愛你。」

桑妮的眼眸裡閃過一抹光亮，她低著頭，眼淚湧了出來。

✦ 一語成讖

數月後，桑妮生下一個大胖小子，李寧高興得像中了頭獎。兒子滿月那天，李寧在全市最好的酒店大擺筵席，酒至微醺，他想起應該在這個喜慶的日子裡對桑妮說聲謝謝，感謝她圓了他做父親的夢。他從飯店捧了一盅香濃的雞湯打車回到家，進門卻嚇了一跳。只見抱著孩子的女人不是桑妮，卻是文芳。

李寧一下子愣怔在那裡，他抓著頭髮搞不懂眼前這是怎麼回事。

「桑妮呢？」他問文芳。

不知道。文芳拿出手機讓李寧看桑妮發給她的簡訊，短短一句話讓李寧瞬間手腳冰涼：「我走了，妳過來照顧孩子。」

隨後，文芳哭著告訴李寧，其實，那天李寧當街打她之前，她就認識了桑妮，兩個人漸漸無話不談，桑妮曾問過她：「如果我替妳為李寧生個孩子，妳願意暫時與他離婚嗎？」

文芳說她願意。女人是愛情的裙下之臣，一旦愛上某個男人，就會心甘情願為他做任何事情。文芳愛李寧，深至骨髓，她不願看著李寧整天為了孩子的事情愁眉苦臉。

她和桑妮經常見面，桑妮懷孕後，常在她面前說：「李寧是個好男人，如果我不在了，請妳好好愛他和孩子。」

那時的文芳沒想到桑妮居然一語成讖，她選擇了在孩子滿月這天失蹤，就像她出現在這裡一樣，毫無預兆。

第二天，在酒店，李寧見到了死去多時的桑妮。她服了大劑量的安眠藥，臉色恬靜，嘴角掛著一抹若隱若現的微笑，像睡著一樣。

警方在桑妮貼身的口袋裡找到一張照片，照片上，桑妮和一個俊朗的男子甜蜜依偎在一起，照片的背面，用藍色水筆寫著一行娟秀的小楷：愛你，一生一世。

所有人都不知道，李寧當然也不知道，桑妮的離開與任何人無關，她只是無法從男友出車禍死亡的陰影裡走出來，而決定找個人結婚，順理成章生下男友的遺腹子，然後，毫無牽掛地隨男友而去。她愛逝去的男友，無法抑制悲傷獨活，只能選擇一個渴望孩子的家庭，讓男友的血脈延續在這個世界上。

李寧不知道，因為愛他，文芳一直在扮演那個不會生育的角色，其實，真正的毛病出在他自己身上。

曾經，他那麼輕易地相信了桑妮的謊言——「我愛你」。其實，她根本不愛他。他還輕易相信了文芳的謊言。事實上，她之所以爽快答應和他離婚，並不是因為不愛他，恰恰是因為一如既往地愛著他。

愛是一種令人費解的東西，女人更是。

安頓好桑妮的後事，李寧拖著沉重的雙腿回到家。文芳抱著孩子在屋子裡哼搖籃曲，從窗簾射過來的一縷陽光打在她的臉上，映出母性的光輝。那個場景讓李寧眼眶一熱，他走過去，輕輕地抱了抱文芳。

愛是一場桃花劫

漂亮老闆娘

總有人說，老林走了桃花運。

蘇桃天生一副美人胚子，腰細臀翹，兩隻乳房把中規中矩的衣裳撐得緊緊的，那些來她店裡買菸的男人磨磨蹭蹭，總要用眼睛把她身上來回刮個遍。

她裝作看不見，該幹嘛幹嘛。有皮厚的單身歐吉桑會趁老林不在的時候斗膽問她：「妹子，哥真是不忍心看妳一朵鮮花插在牛糞上啊，什麼時候離開他跟我過？」

這時，蘇桃就會停下手裡的活，面無表情地回一句：「滾。」

男人就訕訕地滾了。

所有對蘇桃垂涎三尺的男人都想不通，特別是隔壁五金店的老闆——離異男人阮東年——更想不通：老林要長相沒長相，要身材沒身材，不就命好祖先留下一座三層小樓嘛，我店鋪雖然是租的，但是不比他差錢，蘇桃憑什麼死心塌地地跟著他過日子？

阮東年總會在走出蘇桃店門的時候狠狠吐口唾沫，罵一句：「這世道真是沒人性！」

可又能怎樣？蘇桃顯然對自己的現狀很滿意。她兩年前身無分文來到這座城市，是老林收留了她，那時，她就已經想好了，要跟著這個老實巴交的男人好好過，為他生幾個孩子，直到老眼昏花，牙齒掉光，也要煮飯和他一起吃。

老林在自家的小樓底層開著這家便利商店，有了蘇桃後，老林慷慨地把財政大權交給了蘇桃，蘇桃從一個落魄的流浪女人搖身一變，成了這條街上最漂亮的老闆娘。

老林整天開著一輛麵包車取貨，送貨，有時也去外地談談小生意。蘇桃守著便利商店，也不打牌，也不跳舞，空閒了，就坐在收銀臺後面一張張地數錢。

人們從沒聽到過他們吵架，他們那麼恩愛，白天在一個桌上吃飯，晚上在一個被窩睡覺，興致來時會有一場妥貼的性愛。只是很多時候，老林在上面賣力，蘇桃卻在下面失神，甚至恍惚想起另一個男人的面孔。

◆愛是難以殺死的病毒

每到月末，蘇桃都要去一趟郵局，當然，她是瞞著老林去的，去了也不說話，填張匯款單，匆匆遞進去兩千五百塊，辦妥後，再匆匆地返回店裡。

那天，老林又去外地拉貨，她匯完款從郵局出來時，就愣怔了，時空似乎靜止了幾秒。

站在她面前雖然落魄卻依舊清秀挺拔的男人，不正是自己日思夜想的李思遠嗎？她捂住了嘴，心臟突突突地一陣亂跳。

「摩納酒店 703 號，我等妳。」說完，李思遠匆匆閃身離開，把蘇桃丟在熙熙攘攘的街道上。

蘇桃深呼吸了幾口，懷著滿腹的疑慮在樹下站了一小會兒，直奔摩納酒店。

703 的房門虛掩著，蘇桃一進去就被李思遠捲進了懷裡，他吻住她的唇，不給她說話的餘地。他的吻是多麼霸道啊，那麼用力地吮吸她的唇瓣，蘇桃在他懷裡掙扎，愈掙扎他愈是抱緊她，吻緊她，吻得她幾乎要窒息過去。

她覺得自己的身體快要爆炸了，有一絲絲的小火苗在身體深處滋生，蔓延，劈里啪啦。

蘇桃終於掙脫他，問：「你怎麼來了？」

李思遠不回答，將她攤平在沒有一絲皺褶的白色床單上。

後來，蘇桃做了一場與老林在一起時從未有過的激情之愛。李思遠輕輕地撫摸蘇桃白瓷般的肌膚，緩慢地吻過她的腳踝，她的小腿，然後像個驍勇的戰士，衝進了她的身體。

當眩暈的感覺襲向四肢百骸時，蘇桃聽到李思遠嘆了一口氣：「我想死妳了。」

原來，李思遠是根據蘇桃寄回去的匯款單的落款找到了這座城市。一個月，他大街小巷地找她，可要在一個陌生到茫然的城市找到一個人，談何容易？他嘿嘿笑著摟住蘇桃的身子：「真是功夫不負有心人啊，老天爺也不願意讓我們分開。」

蘇桃的眼淚決堤而下。兩年了，她早已習慣在老林的庇護下平穩度日，老林疼她、愛她，七百多個日日夜夜，從不曾惹她掉過一滴淚。可是現在，躺在舊情人的懷裡，她竟然喜極而泣地把老林拋到了腦後。

愛上一個人，如同染上難以殺死的病毒，病毒肆虐在身心深處，遲早氾濫成災。李思遠就是蘇桃的病毒，她愛過他，現在，依然愛著他。

感恩不是愛

蘇桃在小巷裡為李思遠租了套房子，老林不在的時候，她會讓店裡新僱的小夥計看店，自己去跟李思遠幽會。也有幾次，老林在外地逗留，她將李思遠帶回家。

那些活色生香的歡愉讓蘇桃覺得，如果就這樣下去，也不錯，這邊有老林給自己安穩的生活，那邊有自己深愛的男人，煙火與激情，女人要的大抵也就這樣吧。只是常常在和李思遠見過面之後，她的內心會湧起陣陣對老林的虧欠。

虧欠歸虧欠，一見到李思遠，她就全忘了。

只是她沒想到，某個凌晨李思遠離開的時候，被隔壁的阮東年看見了。

當時，阮東年剛從大排檔喝完酒，走到距離蘇桃店門有十公尺遠的時候，他看見一個男人從便利商店的卷閘門裡貓著腰走出來。阮東年頓時義憤填膺，吃不著葡萄的酸勁一下子湧上頭頂，他想看清男人的臉，不承想剛好來了輛計程車，男人彎腰就鑽進了車子疾馳而去。

第二天，阮東年來店裡買菸，照舊用色迷迷的眼睛將蘇桃從頭到腳刮了一遍，就在蘇桃罵出那句「滾」的時候，阮東年突然理直氣壯地蹦出一句：「昨晚那男人讓妳很嗨吧？」

蘇桃一下子嚇得臉色寡白，她明白，阮東年這是抓住了自己的把柄。就在她心慌意亂不知該如何回答時，阮東年將一隻手臂支在收銀臺上，低聲道：「要想人不知，除非己莫為。」

然後，他死皮賴臉地提出，如果不想這件事被老林知道，就答應陪他睡一次。

蘇桃咬著牙，看著這張平時就不太正經的臉，突然覺得無比的厭憎。沒等她說不，阮東年就笑了，他說：「我給妳一週時間考慮，妳想想，挺划算的。」

阮東年走後，蘇桃打了李思遠的電話，李思遠倒是鎮定自若：「剛好，妳可以離開老林跟我走。寶貝，我們離開這裡吧？妳不知道我在裡面的這兩年是怎麼過來的，我吃盡苦頭，都是為了妳啊。」

一句話，勾起了蘇桃的往事。

其實，李思遠和蘇桃是一對情侶，兩年前，在蘇桃家鄉小城發生過一次街頭械鬥，為了蘇桃，李思遠將對方打成重傷被判入獄兩年，李思遠的寡母被氣得一病不起。蘇桃原本想靜靜地等李思遠出來，無奈流言蜚語讓她沒臉再待下去，所有人都指著她的後背罵她：「掃帚星、霉運婆、狐狸精！」蘇桃受不了各種汙言穢語，終於在一個灰濛濛的凌晨，坐上火車出走了。

一個單身流浪女人，又沒有一技之長，拿什麼養活自己？蘇桃心一橫，把自己的後半生交給了萍水相逢卻對她千般好的老林。

可現在，她該怎樣取捨，才能既不辜負老林對自己的疼愛，又能和李思遠在一起？

她感恩的是老林，愛的是李思遠。感恩和愛情，是兩碼事。

◆暗流湧動

距離阮東年的一週期限還有兩天的時候，老林從外地回來了；距離一週期限還有一天的時候，蘇桃發現自己懷孕了。老林愣了幾秒鐘，然後，他抱起蘇桃在原地轉了好幾個圈，幸福的眩暈讓他有點手足無措，他一連串問了蘇桃好幾句：「真的嗎？」

蘇桃篤定地告訴他：「千真萬確。」

只是她不敢迎接老林探究的眼神，做賊心虛的她只覺得老林狂喜得有些過頭了，他從店裡拿了最好的糖果去街上向人們大把大把地散，逢人便發菸，笑呵呵地說：「老婆有喜了，嘿嘿。」

阮東年也接過了喜菸喜糖，他看著坐在收銀臺後面的蘇桃，笑著對老林說：「恭喜老兄啊，真是天大的喜事。」

蘇桃不動聲色，總覺得阮東年的笑有點邪惡。

周圍沒人的時候，阮東年問蘇桃：「考慮得怎麼樣了？」

蘇桃低聲下氣地求他：「大哥，求你了，等我生下孩子，怎麼樣都行。」

阮東年自認為抓住了蘇桃的把柄，諒她也不敢糊弄自己，於是就大方地答應了。

十月懷胎期間，蘇桃也去見李思遠，會給李思遠送去足夠的生活費。李思遠每次都會將耳朵貼在她日益膨大、光潔的肚皮上聽胎音。他從後面輕輕抱住蘇桃，萬分柔情地問她：「給我們孩子取個乳名吧，小寶怎麼樣？」

她點頭，又想，孩子若是男孩，會不會和李思遠長得非常像？或者，孩子是老林的？

時間一晃而過，蘇桃剖腹產產下一個漂亮的男嬰。那天，老林握著蘇桃滑嫩的手就差跪地感謝了，他的眼圈一直溼潤，許久以來對孩子的渴望如今變成了現實，他能不感激涕零於眼前這個女人嗎？

老林愈來愈喜愛胖乎乎的小寶，就連阮東年都打趣：「老兄，現在是除了小寶，什麼都入不了您的法眼了。」老林承認，沒有小寶前，他覺得人生並不圓滿，現在，小寶令他的世界得到了圓滿。

在小寶滿月酒的第二天，老林抱著小寶說要去附近晒晒日光浴。四個小時後，蘇桃突然有一絲不祥的預感，她打他電話，提示關機。

她想，老林會把小寶帶到哪兒去呢？

你在天涯，我在原點

便利商店發生了一起命案。

當警察接到群眾報案衝進便利商店的二樓時，映入眼簾的一幕讓所有人唏噓不已。只見一個年輕男人渾身是血躺在冰冷的地板上，蘇桃坐在男人的屍體旁邊，沒有哭，一邊用毛巾輕柔地擦拭男人滿臉的鮮血，一邊反覆地說：「你說過帶我走的，我們走吧，走吧……」

死者是李思遠，警方從神志不清的蘇桃嘴裡問不出有用線索，只能根據現場的痕跡判斷出，這裡曾發生過激烈的打鬥。可是，除了蘇桃和死者李思遠的腳印，再無其他人出現的蛛絲馬跡。

第二天一早，老林抱著小寶，疲憊地出現在便利商店門口，守候在那裡的警察將老林緝拿歸案。

老林想，這是為什麼呢?自己離開家不過十六個小時，就發生了這樣的事。

為了消除嫌疑，老林只好如實告訴警方，他不在家的這段時間，其實是抱著小寶去了趟DNA檢測中心，他不相信小寶是自己親生的，再加上鄰居阮東年一直在自己面前陰陽怪氣地說話，讓他更覺得小寶的身世有點蹊蹺。

警方持續逼問，老林終於垂下頭，從鎖著的保險箱裡拿出一張醫院的體檢報告，報告上白紙黑字寫著：死精症，患者林新民。

警方從老林的供述裡發現了一個有用線索，那就是阮東年。

此案真相大白是在半個月後，那天，阮東年看到老林鬼鬼祟祟地抱著小寶出去後，就來找蘇桃，結果被蘇桃嚴詞拒絕。惱羞成怒的他將蘇桃強行拉到二樓，就在這時，李思遠出現了，李思遠掌摑了阮東年，罵他癩蛤蟆想吃天鵝肉，然後轉身柔情地對蘇桃說：「我們走吧。」

蘇桃粲然一笑。阮東年看著腰細臀翹的蘇桃，腦子裡被得不到的羞恥和無限放大的渴望所充斥，他摸起菸灰缸砸向了李思遠。

蘇桃眼睜睜地看著李思遠倒在自己腳下，她想哭，卻怎麼也哭不出來，混沌的腦海裡反覆想著一件事：「老林，我對不起你，我把小寶留下，也算是對你的補償。」

所有的街坊在得知事件真相的時候，無不悲憫。特別是老林，一下子彷彿老了十多歲，他繼續和蘇桃生活在一起，可是蘇桃再也不是過去那個打扮精緻、一臉溫情的蘇桃了。

蘇桃瘋癲了。

蘇桃不再坐在收銀臺後面一張張數錢，她總是走在街上，斑駁的陽光照過來，在她身後拖出一條瘦長的影子，她走過去，又走過來，眼神空洞，嘴角掛一抹詭異的笑，逢人便問：「你看見小寶了嗎？」

永遠沒有人知道，和李思遠相愛的時候，蘇桃一直喊他：「小寶。」

你給的不是我要的

◆路遇劫匪

晚上十點，林悠然從超市下班時，晦氣地發現腳踏車爆胎了，只好拖著疲累的雙腿走回去。回家途中必經一個橋洞，路燈壞了幾個，剩下的發出昏黃黯淡的光。林悠然想起上班時和幾個店員閒聊，曾聊到兩天前一個女孩在橋洞下被搶劫了。她頓感全身汗毛都倒立起來。怎麼辦？回家的路只此一條，難道還能插翅飛過去？

她壯著膽子走進橋洞，邊走邊在心裡想左銘，一想到左銘她就膽子大了起來。

左銘是她的未婚夫，再過兩個月，他們就要辦婚禮。

可是左銘現在躺在醫院裡，想到這裡，林悠然又心事重重起來。昨天休假，她去醫院看左銘，並慢火熬了雞湯帶給他，耐心地一口一口喂他，可是左銘吃了幾口突然就不耐煩了，揮手打掉她手裡的勺子，歇斯底里地讓她滾，說再也不想看見她。

她委屈極了，眼淚在眼睛裡打轉，可還是好脾氣地安慰他。左銘在車禍中廢了一條腿，心情壞情有可原。她覺得愛一個人，就什麼都無所畏懼。

她鐵了心要嫁給他，要為他生孩子，要和他柴米油鹽，相互扶持過一輩子。

走到橋洞中段的時候，林悠然看見路邊停著一輛白色麵包車，旁邊蹲著兩個男人，一高一矮。

她做了次深呼吸，然後加快腳步，路過麵包車時，那兩個男人站了起來，三步並作兩步跟上她。她感覺渾身汗毛倒豎起來，正準備撒腿跑，一股外力就從後面裹挾了她，等她緩過神，已經被塞進麵包車裡。車裡三個男人，黑布蒙臉，個個露出凶神惡煞的眼神。

遇到劫匪了！林悠然連驚帶怕地求饒：「大哥，放過我，所有的錢都給你們。」

劫匪甲打開她的包，掏出錢包，把幾張零鈔摔在她臉上：「就這麼點，糊弄老子啊？要是沒錢，可別怪老子不客氣！」

劫匪甲怪裡怪氣地笑著對另外兩個說：「要不，找個地方辦了她？」

很快，車子載著她，駛向黑漆漆的郊外。

緩兵之計

不能坐以待斃，林悠然的腦子迅速轉動起來。她知道有些劫匪不光是劫財劫色，動殺心也是在一念之間。她現在能做的就是自救，否則很可能被拋屍野外。

如果被殺了，還怎麼做左銘的新娘啊，自己不能連婚紗都沒有穿過就莫名其妙地死掉，那豈不是比竇娥還冤！

車子離城市愈來愈遠，路上空曠得連半個人影都沒有，林悠然絕望了。呼救是沒有可能的，她聲淚俱下地求他們，沒想到不哭還好，一哭劫匪就煩了，她被夾在劫匪乙和劫匪丙中間，劫匪乙捏著她下巴說：「再哭，一會兒讓妳好看！」

只有劫匪丙自始至終不說話，一路上只是沉默著抽菸，一支接一支。車廂裡煙霧升騰。

約莫半個小時後，麵包車在一片小樹林邊上停下來，她被三個劫匪連推帶搡地帶到樹林裡的一處空地上。劫匪甲走過來，嘩啦一聲撕開她的上衣，頓時，月光下，她雪白的胸脯裸露了半邊，劫匪甲淫笑著將她按倒在地上，回頭對另外兩個說：「猜拳決定誰先來。」

林悠然嚇得魂飛魄散，就在三個劫匪猜拳的當下，她又想起了左銘，想起他們在一起的第一次，那年她十九，他二十一。左銘是她青春歲月裡所有的愛戀與疼痛，他們在五十元一小時的鐘點房裡第一次赤裸相見，男女之事，他不懂，她也不懂。左銘笨手笨腳地衝撞進她的身體，她很疼，但有種滿足，她抱著他年輕緊緻的身體，不讓他離開，她說：「這輩子，我只屬於你一個人。」

左銘抱著她，親著她，疼著她，問：「真的嗎？」

她一心一意回吻著他：「真的，如果我被別的男人碰了，我就去死。」

思緒似一匹野馬，跑出去，又瞬間跑回來。林悠然悲哀地想，如果被這幾個劫匪強姦了，那她就真的完蛋了，她答應左銘的，就要做到。

就在被猜拳獲勝的劫匪乙壓倒在潮溼的土地上時，林悠然腦袋裡靈光一現，她喊道：「我家裡有四十萬元，我帶你們去拿！求你們放過我！」

這句話挺管用，劫匪乙停下了動作。劫匪嘛，要的就是錢，劫財不成才會打別的主意。

一直沉默的劫匪丙點了頭。

看來，這招緩兵之計用對了。林悠然慶幸保住了清白之軀。

愛的籌碼還是自救的籌碼

麵包車掉頭往回城的方向駛去。

林悠然說的四十萬元，確實有，不過不在家裡，而在醫院，就壓在左銘的枕頭下。左銘上週出的事，林悠然第三天就籌到了四十萬元，左銘躺在病床上問她哪來的錢，她哭著說別管，只要他好好的。左銘不知道那四十萬元是她賣房子的錢。房子其實很舊，一居室，位置也不好，在一條破舊的小巷裡，父母留給她，說婚後如果左銘欺負她，也好有個哭的地方。本來價值五十萬的房子，因為急著用錢被她賤賣了。

她想著，為了愛的人，做這點犧牲，真的不算啥，患難時才能驗證愛情的真偽嘛。

她是個死心眼的女人，換成別的女人，別說左銘斷了條腿，就是變成跛子，也一定撤腿離開他，又沒結婚，就算結婚了還能離婚呢。可是她不，父母朋友眾口一詞勸她，全被她頂回去，她就要對他好，就要和他過一輩子。

愛情，哪能因為一點小病小災就放棄？

可是眼下她為了自保，卻不得不拿這四十萬元當自救的籌碼了。車子繼續疾馳，林悠然的腦子裡卻糾結得厲害，如果她告訴劫匪錢在醫院，劫匪肯定不相信，說不定會認為她在藉機拖延時間而對她再次施暴，就算相信她，她能帶著劫匪去醫院取錢嗎？萬一劫匪急紅了眼傷害了左銘怎麼辦？

思量再三，林悠然說出了住址。

到了她和左銘租住的樓下，劫匪丙在樓下望風，劫匪甲、乙跟著她上了樓。明知道家裡沒錢，她還是左找右找，翻櫃子，翻抽屜，藉此拖延時間。到處翻找的時候，她看見了臥室的窗戶，想著這是四樓，跳下去也摔不死，到時候保安會跑過來，她就得救了，四十萬元也不會平白無故給這幫孫子。

劫匪甲沉不住氣了，惡狠狠地掐住她的脖子：「到底有沒有錢？臭丫頭，妳是不是在耍老子？」

日光燈下，劫匪凶狠的目光令她不寒而慄，她略一遲疑，劫匪甲、乙明白了：「是沒錢吧？」

「那好，辦了她再問有錢沒錢！」劫匪乙攛掇道。林悠然心底的絕望再次波濤洶湧。

為愛痴狂

劫匪甲拎小雞一樣將林悠然拎起來往床上拖，就在他動手去脫林悠然的褲子時，不知哪來那麼大的力氣，林悠然掙扎著抓過床頭櫃上昨晚削蘋果的水果刀，想都沒想向劫匪甲刺過去。劫匪甲嚎叫了一聲，林悠然趁機踏上窗臺，一躍而下。

深夜的風很大，冷得刺骨，向下墜落的幾秒時間裡，林悠然笑了。她能感覺到自己全身每一個細胞都在歡唱：我是一個為愛痴狂的女人。

「左銘，我愛你！左銘，我愛你！」

林悠然嘴裡喊著這句，身子輕飄飄地落在一個柔軟的物體上。等被放開站穩，回過神來，她發現自己毫髮無傷，身邊站著一個男人。林悠然用力擦了擦眼睛，藉著昏黃的路燈，看清楚男人竟然是左銘。她以為是在做夢，再次使勁揉了揉眼睛湊近去看，不是左銘是誰，他好端端地站在自己面前。

他不是斷了條腿嗎？昨天見他，他還打著石膏，纏著繃帶，躺在病床上一動不動呢。林悠然覺得頭部血液倒流，弄不清楚怎麼回事。

這時候，劫匪甲和劫匪乙兩個人已經從樓上下來，扯掉一直蒙在臉上的黑布，衝林悠然鞠了一躬：「讓妳受驚了，對不起！」

愛是真的，其他都是假的

林悠然怎麼能相信左銘的解釋呢？他說，這是一場婚前愛情大考驗。為了考驗她是不是真心愛自己，左銘煞費苦心，先是營造了一起假車禍，主治醫生是熟人，打個石膏不費什麼勁；然後，左銘說沒錢，林悠然二話不說就拿來了四十萬；接著，左銘讓林悠然滾，她非但沒滾，反而對他照顧有加。

左銘沒轍了，還想再試試。他不信林悠然真的對他死心塌地。

他想起他們的初夜，那美好的如紅蘋果一般的初夜，他第一次在一個女人身上得到了令人戰慄的高潮，也聽到了最美的情話，她說：「這輩子，我只屬於你一個人。」

他抱著她，親著她，疼著她，問：「真的嗎？」

她一心一意回吻著他：「真的，如果我被別的男人碰了，我就去死。」

如果能夠一輩子如此乾淨地互相擁有，該是多麼美好！

於是左銘約了兩個死黨，演繹了一起劫持事件。他就是想知道，危難關頭，林悠然是為了活命屈辱就範於劫匪的淫威呢，還是堅守當初的諾言拚死一搏？

他沒想到林悠然夠聰明，一直在想辦法自救。而且，寧願跳樓也不就範。

左銘淚水橫飛著抱住林悠然：「悠然，當我聽妳說錢在家裡時，我就確定，妳是我這輩子遇到的最好的女人，我會給妳一場最完美的婚禮。」

林悠然的心就像一塊燒得正旺的炭火，被猛然浸透到刺骨的冷水裡，冷極了。她冷冷地推開左銘，揚起手，給他那張俊秀的臉一記響亮的耳光。

這麼多天，她為了他累得腰都直不起來，可是他呢，居然處心積慮醞釀了這場荒唐的愛情考驗。他知道她晚上睡不著覺嗎？他知道她為他難過嗎？他知道她下了多大的決心才不離開他嗎？他知道她今晚受的驚嚇有多大嗎？

她的心疼起來，一縮一縮的。她迎著風哭了，很用力地哭。哭完，她吐出兩個字，分手。

愛情不是一場遊戲

一念起，萬水千山；一念滅，滄海桑田。

林悠然離開了左銘，雖然分手對她來說很痛，但是愛情哪有不痛的呢？傷過筋斷過骨，再次交新的男朋友時，林悠然不再那麼死腦筋了，再也不對愛情抱太大幻想。

才幾年光景，母親已經兩鬢如霜，父親患了腦中風，偏癱在床上。老兩口唯一的願望就是看著她找個體貼的男人嫁出去。

林悠然新交的男朋友叫楚一林，是超市杜姐鄰居的兒子，杜姐介紹的。楚一林長相一般，身高一般，家境一般，唯一的優點是對她非常體貼。

他不問她的過去，她也就不說，他說結婚吧，她說好。那晚她留在他那裡。她不去想楚一林過去有幾個女人，她只需要一場惡狠狠的性愛來驅逐傷感。她狠狠地攀著他的背，指甲嵌在他的肉裡，活色生香地把自己給了楚一林。

婚禮很快就被提到日程上。

結婚前夕，林悠然採買結婚用品，低頭走在灑滿斑駁陽光的街頭，猛抬頭與左銘四目相對，沒錯，是左銘。他眉宇間有憔悴，眼睛裡有憂傷，這一切讓她心痛。她噙著淚聽到他說：「我還愛妳，悠然，我一直愛著妳，我沒辦法不愛妳，我們能重新再來嗎？」

林悠然把淚憋回去，雲淡風輕，一笑而過。

回家路上，那些枝杈清晰的回憶脈絡，那些愛與不愛的刀光劍影，林悠然發誓通通忘記。她只想躲在一個男人堅實的臂彎裡，柴米油鹽。

這個男人是楚一林。她不確定自己能否愛上楚一林，但是她決定試著去愛。

不然還能怎樣，她再也經不起折騰了。

隱藏在心中的愛

從無望等到絕望

安雅開著車在機場高速上一路風馳電掣，時速高達一百三。某個瞬間，安雅的心頭猛然滾過一陣刺痛，那一剎那她又想到了自己對左岸的愛。

安雅愛左岸愛得非常絕望。從十六歲到二十六歲，她整整愛了他十年，可是左岸似乎情商為零，每次當安雅準備向他表白時，他總是拍著她的肩膀打斷她：「安雅，我們是兄弟對嗎？妳會為我做任何事的，對嗎？即使我墮落了，妳也不會嫌棄我的，對嗎？」

他的話和他那副放蕩不羈的樣子把安雅的表白扼殺在喉嚨裡，她只能無奈地點點頭：「對，我會為你做任何事。」

然後，左岸會遞給安雅一張照片，照片上每次都是一個女人，或妖嬈、或清純，黑色、棕色、酒紅色的長髮、捲髮、短髮，照片後面附有女人的名字，和一串陌生的電話號碼。

安雅真的愛左岸，所以他讓她做什麼，她就心甘情願為他做什麼。從第一個女人開始，安雅就發現左岸其實挺風流，他會在天南海北，任何可能的時間、地點發生一場豔遇，然後那個女人會飛蛾撲火一般撲到這座城市來見他。

而安雅作為左岸的兄弟，在他忙得不可開交的時候，義不容辭地親自去機場接女人到酒店，準備好他們晚上吃的喝的，以及做愛要用的杜蕾斯。

很多次，安雅覺得自己幾乎麻木。

誰能想像，一個曾經那麼潔白的男孩子，踏入社會染缸才幾年，就變成了現在這副臭德行。安雅常常沉浸在往事裡。她想起他們還上大學的時候，左岸甚至看見她穿低胸的上衣都會臉紅，安雅拉著他的手旋轉到露天舞池的中央時，左岸會緊張地手心滑膩冒汗。元旦篝火晚會上，在操場的一角，安雅將唇附在左岸的耳垂輕咬，他一下子跳開。

那晚星光迷離，月光皎潔，安雅卻有點失落。

不過，她不急，她想或許那時的左岸，還沒有準備好去愛一個女生，好吧，她會耐心等。

可是這一等就是很多年，安雅從無望等到絕望。而左岸變了，他變成了雙面人，一面是謙謙君子，另一面是放蕩不羈的風流男人。他把獵豔作為生活的一劑調味料，總是當著安雅的面評價那些女人。他說三號吻功特別厲害，從他的脖頸一路蜿蜒吻下去，然後停在他的小腹，用舌尖一下一下地畫圈；七號很會叫床，起承轉合，叫得像只發情的野貓，那嘴巴捂都捂不住；十二號做起愛來簡直不要命，能把他拋得很高再狠狠摔下來，不把他整個人掏空不罷休。

說這些時，左岸痞痞地笑著，順勢捏一把安雅的下巴：「男人都一路貨，好色。安雅，妳以後找了老公，可千萬要多學幾招床上功夫哦，否則會守不住男人的。」

安雅啐他一口：「不害臊！」

然後安雅的心就沉重得似乎灌了鉛，她想，自己能找到那個男人嗎？除了左岸，她還能愛上別的男人嗎？

不能吧？她不能。

第十七個豔遇情人

安雅一邊開著車一邊發誓，黎姍姍是她在機場接機的最後一個女人。

黎姍姍是左岸的第十七個豔遇情人。

黎姍姍應該很年輕，至多二十一二歲的樣子，比之前的十六個都要漂亮，腰很細，臀很飽滿，兩隻乳房洶湧得幾乎要撐破上衣，最惹人的是那兩瓣紅唇，翕合之間，風情萬種。

安雅在停車場打電話給左岸，左岸說：「安排在老地方，告訴她，我晚上八點到，讓她洗完澡等我。對了，買歐舒丹的香皂給她，我喜歡。」

安雅心頭又滾過一陣刺痛。她把左岸的原話向黎姍姍複述了一遍，黎姍姍嘻嘻笑著說遵命。車子很快駛入擁擠的車流，黎姍姍興奮地問這問那，她說：「安姐，妳很有女人味，一定有很多男人喜歡妳吧？」

安雅用眼睛餘光瞥了一眼黎姍姍露在外面的黑色肩帶，答非所問：「妳是怎麼認識左岸的？」

黎姍姍顯然對安雅沒有任何防範，喋喋不休地講了一個惡俗的故事：左岸去開商務會議，會議還沒開完，他們就電光石火一見鍾情，因為第二天就要返回，左岸邀約黎姍姍來他所在的城市會面。

黎姍姍絲毫沒有注意到安雅的不悅，依舊聒噪不休：「左岸不但帥氣、儒雅、有風度，還很會接吻哦，吻得我窒息……」

安雅握著方向盤的手顫抖起來，氣血上湧。她踩了一腳煞車，將車子靠路邊停下。綠化帶上，雛菊一簇簇開得正盛，白色的花瓣，明黃的花蕊。安雅從車上下來，俯身將臉埋在一朵雛菊的花瓣上，深深吸了口氣，然後，做賊一樣飛快地端起一盆雛菊塞進車裡。

她一直想要這麼一盆花，就像左岸痴迷獵豔一樣，安雅鍾愛雛菊。

下午三點，安雅把黎姍姍帶到明光路的一家酒店，黎姍姍甩掉鞋子就撲到鬆軟的大床上，安雅注意到她的裙下露出大紅的底褲，很顯眼。安雅深呼吸了一下。晚上八點之前，安雅必須買好一男一女兩套睡衣，兩份咖哩雞塊飯，幾枚杜蕾斯，左岸要草莓味的。

做這一切的時候，安雅的心像被一團棉花堵住了，悶得厲害，又無從疏解。

七點，安雅打電話向左岸彙報工作：「一切OK。」

左岸在電話那端嘿嘿一笑：「好，辛苦了，兄弟。」

◆在隔壁上演的劇情

夜色闌珊，安雅低頭看腕錶，十點四十分。安雅站在酒店對面的馬路上，看酒店六樓窗戶裡射出的旖旎燈光，下午在超市採購時，她特地多買了一瓶紅酒，此刻安雅想，不知那瓶酒可否為左岸和黎姍姍助興？

她想像著他們的步驟：在洗鴛鴦浴？或者，左岸正在褪去黎姍姍大紅的底褲、黑色的胸衣？或者，他們的舌頭已經絞纏在一起，左岸已經俯在黎姍姍那個小賤貨的身上？他們已經做了一次，正準備做第二次？

安雅想得頭痛。

安雅搖搖頭，抬起手，狠狠扇了自己一個響亮的耳光。她罵自己：「蠢女人，妳該醒醒了！」

這一刻，安雅覺得自己非常需要一個男人。她等不到左岸的愛了，她不想把自己陷在如此無望的近乎殘忍變態的惡性循環裡，她不想再聽自己愛的男人講他如何如何和女人做愛，用什麼姿勢，用掉幾枚杜蕾斯。她想找一個男人，就在此刻，報復左岸對自己的漠視。

夜晚滋生寂寞，男人女人都一樣。在酒吧，大半瓶血腥瑪麗下肚，就有男人上來搭訕。安雅抬眼瞧了瞧，不錯，有男人味，據她目測，沒有贅肉，這樣的男人應該有力度。

想到這裡，安雅覺得小腹似有一陣陣熱流在激盪，她迫切地渴望這個男人洞穿自己的身體，帶她抵達她一直想要去，但一直未曾去過的地方。

電梯停在六樓，安雅提前預訂好的房間，與左岸的房間一牆之隔。對，這樣很好，她就要在他的隔壁，與別的男人魚水交歡。愛到極致便成恨，安雅想。

男人果然不錯，他幾乎是用豹子的力度席捲了安雅，安雅有些疼，但她緊緊咬住嘴唇忍住那種奇異的疼，她甚至借用了左岸講給她聽的他和那些女人的床事技巧，她學著叫床，學著在男人的皮膚上用舌尖劃圈，甚至學著在男人身上像樹葉一般搖擺啊搖擺……

對，安雅還是處女，老處女，這是她的第一次，她給了陌生男人，而不是她愛的男人。

終於，安雅得到了想像中的快感，那一刻，她哭了，哭得很洶湧，男人看著床上的落紅，落荒而逃。

如今這個人人明哲保身的年代，哪個男人敢為一個老處女負責？男人不敢，左岸也不敢。就在昨晚，安雅厚著臉皮去了左岸的公寓。他為她削蘋果，沖咖啡，陪她一起看電影。電影看到一半，安雅去了浴室，出來時，左岸看見的是一絲不掛的安雅。

沒有別的，安雅只想把自己給左岸，把她的童貞，她為他恪守十年的童貞給他。可是左岸不要，儘管安雅看見他的喉結在上下滾動，眼睛裡也有燃燒的火焰，可是，他輕輕地為她穿上衣服，說：「我不愛妳，安雅，愛不能強求。」

他的拒絕很簡單，很決然。安雅哭著從他家離開。第二天安雅接到他的簡訊：「對不起，今天要勞煩妳幫我接個女人。」

安雅傷心之餘，無奈地答應了左岸，她想，這是最後一次了，沒有下一次。絕無下一次。

愛到極致成為恨

安雅整整一天都窩在房間裡不肯出門。警察打電話讓她到酒店的時候，她起身照了照鏡子，鏡子裡的女人形容枯槁，眼神呆滯。

酒店發生了一起命案，死者一男一女。根據現場勘查，警方做出的解釋是死者喝的紅酒裡被下了毒，但究竟是誰下的很難有個定論。最後被定性為情侶相約自殺。

左岸和衣躺在床上，黎姍姍也衣著整齊，並非安雅想像的那般兩個人赤身裸體絞纏在一起。

警方交給安雅的遺物中，有左岸的一臺筆記型電腦。晚上，安雅打開電腦，她很好奇，他去見黎姍姍為何要帶著電腦，她想破解他的信箱密碼，沒想到很容易，密碼竟是自己的生日。

記事本裡有很多日誌，很多，大概寫了好幾年之多。安雅用了一整夜的時間看完了那些日誌，天色漸亮時，安雅抱著電腦哭了。

左岸在每一篇日誌裡重複著一句話——我愛妳安雅，可是我不能。真相像暗礁一樣漸漸浮出水面。

七年前，那時安雅和左岸高中同班，左岸喜歡安雅，很內斂地喜歡。下晚自習時左岸會不遠不近跟在她身後，他知道她膽小不敢走夜路。某個夜裡，安雅被幾個痞子挾持進黑暗的胡同，他們撕扯她的衣服時，左岸衝上來與他們殊死搏鬥，從而保住了安雅的清白之身。

可是安雅沒想到，那次搏鬥令左岸永遠失去了性能力。

高中畢業，大學畢業，工作，安雅向左岸示愛多次，他一直躲藏，而安雅的偏執令他很無奈。他想出一個招，每次去外地出差，就花錢請在外地認識的女人過來，做一場秀給她看。

他想告訴安雅，他是一個風流成性的男人，再不是她心中的潔白男孩。他想讓她離開他，充滿絕望地離開。

他說，他最喜歡的花是雛菊，因為雛菊的花語是隱藏在心中的愛。

最後一篇日誌裡，左岸寫道：

安雅我愛妳，其實我很想很想把妳擁在懷裡，吻妳愛妳要妳，可是，妳能忍受與一個不能給妳性的男人生活一輩子嗎？

能嗎？妳能嗎？

即使妳能，我也不能那麼自私。

紅酒裡的毒是安雅下的，滅鼠藥。安雅戴了手套，把自己撇得很乾淨。

左岸一而再再而三地找那些陌生女人，漠視她的感情，她的心理承受能力到了極限。她無法再絕望地愛下去，與其愛這個根本不愛自己的風流男人，她寧願永遠失去他，永遠！安雅想，自己肯定是瘋了，但是她想瘋一次，為了愛情，她覺得值。

現在，安雅終於失去了自己最愛的男人。直到得知左岸不接受自己的真相，安雅才明白自己是天底下頭號傻瓜。愛到深處無怨尤，左岸對她的愛不就證明了愛之深、情之切嗎？可她呢，多麼自私，自私到不惜以他的死來成全自己的愛！

偷來的那盆雛菊在安雅的窗臺上綻放如常，一簇簇開得正盛，白色的花瓣，明黃的花蕊。安雅每次想左岸的時候，就會將臉龐埋在花簇間，深深地吸一口氣。

抬起頭來，安雅總是淚流滿面。

愛情是部懸疑劇

賤人甲的心事

男女關係裡，總有一個比較賤，把對方隨時掛在心上，為了對方願意放下身段極力討好，賤到忘我，賤到麻木不仁，賤成了習慣！而被愛的那一方，往往擺出一副理直氣壯的樣子：你這是自願的，又沒人逼你！這真是周瑜打黃蓋，一個願打一個願挨！

意識到這一點時，我正守在一幢灰色舊樓下，一支接一支地抽菸。

三樓的某扇窗戶後面，有我愛的女人，她叫森迪。

我通宵達旦守在森迪住的樓下，不為別的，就是為了戳穿她蹩腳的謊言，我不信她厚顏無恥的那句話：「我有喜歡的男人了，左逸秋，你不是我的菜。」

我是不是她的菜不是她說了算，我還真的不信，這個女人的心是石頭做的，我想，以我對她情有獨鍾的心，就算她是一塊石頭，也要把她焐熱。

我承認我很賤，可是愛一個人，賤一點又有什麼關係？明明她不喜歡我，我自己卻失了城池，愛情從無道理可循。

不知不覺，腳下已經散落了一地的菸頭。我餓了啃麵包，渴了趴在小區灌溉花園的水龍頭下咕咚咕咚猛灌幾口涼水。直到第三天，森迪終於下樓了，她穿著一件藕色長裙，裙子很漂亮，過緊的剪裁將兩隻乳房擠得很高，她就那樣挺著胸，踩著幾寸高的高跟鞋，從逼仄的樓梯款款而下。

我頓時心花怒放，甩掉指尖的菸蒂迎上去，沒想到的是，她卻看也不看我一眼，把如花的笑靨給了我身後的男人。

那個男人衣著顯貴，飛揚跋扈地靠在嶄新的 BMW X5 的車門上。森迪從我面前走過去，抬起性感的小腿邁進車裡。我衝上去就想揍人，但是森迪用眼神制止了我。我想起三天前她對我說：「左逸秋，你要是敢壞我的事，我就徹底失蹤。」

所以我不敢，我好不容易找到她，不想再失去她。我攥緊了拳頭，指關節嘎嘎作響，可我只能眼睜睜看著男人駕駛著豪車揚長而去。

車後揚起一片乳白的灰塵，迷了我的眼。

◆喜歡的男人不是我

一個月前我對沈薇薇說：「假如找到森迪，就算砸鍋賣鐵，我也要娶她。」

沈薇薇眼睛裡閃過一絲落寞，說：「行。」

我賤，但是沈薇薇比我還賤。為了我，她偷了家裡一萬塊錢，死皮賴臉地非要陪著我去找森迪，她說：「我不放心你一個人浪跡天涯，萬一遇到壞人怎麼辦，現在社會上很亂，我會擔心你的。」

我拗不過她，也甩不掉這塊橡皮糖，只好任由她跟著，一路上被沈薇薇鞍前馬後地服侍著，倒也愜意。有時候良心發現，覺得自己挺邪惡的，其實我根本就不喜歡沈薇薇這種圓滾滾的女孩子。

可不是嘛，從頭到腳，因為腰身壯實，即便罩杯 38E，看起來也不過像墊了矽膠。而我心儀的愛情女神森迪卻恰恰相反，嬌小玲瓏，細腰盈盈一握，風擺楊柳一般迷人，據我目測，森迪的胸不大不小，應該是剛好被我手掌握住的大小。

想到這裡，我身體裡就隱隱竄起一簇小火苗，那火苗灼得我渾身燥熱難耐。

我曾很無恥地告訴沈薇薇：「妳和森迪是有區別的，女人與女人的天壤之別。」

沈薇薇看著我，一言不發，跟著我繼續奔走在尋找森迪的天涯路上。沈薇薇就是這麼縱容我，可是她不明白，即使她賤到塵埃裡，我和她也沒戲。

這是我人生中第一次出走，為了森迪。

一萬塊錢很快就被我們折騰得一乾二淨。來到這個陌生城市後，為了生存，沈薇薇很快在一家餐廳找到了工作，她租了便宜的房子，喊我同住，被我拒絕了。我怎麼能和她孤男寡女同處一室？

我整天無所事事，像傻瓜一樣叼著菸在陌生的街頭巷尾大海撈針，對，森迪就是我要撈的那根針。只是，在一個陌生到茫然的城市，想找到一個人，談何容易？

我不想吃軟飯，尋思著找個工作。真是天無絕人之路，街頭一家高檔會所貼出告示招打雜工，薪水很少，但是夠活命了。我扔掉菸屁股，咧嘴嘿嘿笑了。

能夠活下去，就一定能找到森迪。我堅信這一點。

上崗第一天，當領班告訴我要如何低眉順眼、嘴巴甜，還要眼裡有活時，一個女人披頭散髮從包間裡衝出來，她的裙子被撕破了，臉上掛著斑駁的淚，一個歐吉桑捂著腦袋罵罵咧咧追出來。我愣怔在原地，然後心裡就開出了花，一團又一團。

女人是森迪，是我千尋萬找的女人。

趁歐吉桑衝領班跳腳抱怨森迪不夠積極不夠奔放時，我牽起森迪柔弱無骨的手飛快跑掉了。

森迪一邊跑，一邊呼哧呼哧喘著粗氣問我：「左逸秋，你怎麼在這裡？你是從哪兒冒出來的？」

衝進一座廢棄的倉庫，我一把將她拉進懷裡，嘴唇便覆蓋上她柔軟的唇瓣。那一刻，我的腦袋幾近空白，只想親吻我心中的女神。可是當我用舌撬開她緊咬的牙關，試圖更深地探索時，森迪從我懷裡掙脫出來，啪地甩給我一個響亮的耳光。

我捂著熱辣的半邊臉，哀傷地看著她。良久，森迪迸出一句：「我有喜歡的男人了，你不是我的菜！」

就是這句話，讓我在她的樓下守了三天三夜，看來我還真是賤得不輕。

幫凶是誰

我不信，才一個月不見，曾經單純得像張白紙的森迪就變成了拜金女。豪車男能給她的，我想自己也應該能夠給她。所以苦思冥想幾天後，我打電話給森迪約她見面，電話裡我告訴她：「我命不該絕，樂透中獎了。」

半小時後，森迪穿著那條藕色連衣裙像只蝴蝶一樣翩翩飛到我身邊，她的兩隻眼睛都在放光：「真的？左逸秋，你說的是真的？你中獎了？」

我掏出金融卡在她眼前晃了晃，帶她到 ATM 機查詢，螢幕上顯示的那串數字很可愛，一百二十多萬。森迪激動地跳起來，在我臉上啪地親了一口：「左逸秋，我沒看錯你，我就說你傻子頭上有青天嘛。」

她將又柔又滑的舌滑進我的口腔，一邊吸吮一邊發出含糊不清的囈語：「左逸秋，我愛你，我愛死你了。」

那是森迪第一次主動吻我，她的吻讓我在那一刻狠狠地眩暈。我騰出手來在自己大腿上狠狠掐了一把，疼，不是夢。

然後森迪扯著我在深夜的街頭狂奔，她說要把自己給我，立刻，馬上。

衝進酒店的時候，我全身的血液都在沸騰，在燃燒，我覺得自己似一匹馳騁疆場的戰馬，恨不得快速衝進敵人的包圍圈，所向披靡，哪怕戰死。

一進門，森迪先去淋浴，我站在二十八層的凸窗前吸菸，眼前是城市的萬家燈火，星星點點，看起來很溫暖很誘人。我心裡五味雜陳，看來森迪還真是個拜金女，沒有錢的時候，她連多看我一眼都不肯，現在一看我有錢對我的態度就截然不同了。

還是沈薇薇實在，不嫌貧愛富，不管我如何潦倒，都緊緊跟隨。這樣想著，心裡倒對沈薇薇生出了一份歉疚。不容我多想，森迪已經沐浴完畢纏繞過來。

她的身體滑得像一尾魚，撲騰起白色的浪花，潛意識裡我覺得自己就像一艘失事的老船，江面暴雨傾盆，狂風大作，我看不見燈塔，絕望等死。那是一種酣暢淋漓的快樂。

就在這時，門被大力撞開，豪車男闖了進來，身後跟著兩個壯漢，我只覺像被人擊了一悶棍，愣怔在那裡大腦一片空白。

我終究不是三個男人的對手，幾番下來就被打得遍體鱗傷倒在地上。男人掌摑她，用難聽的話罵她。我掙扎著爬起來，問：「怎樣才肯放過她？」

「錢。」男人淫邪的嘴臉讓我想揮拳砸過去，卻渾身無力。我掏出了金融卡。

眼看著森迪腳步踉蹌被男人帶走，我突然警醒，自己這是被敲了竹槓，而幫凶正是自己愛的女人！

✦賤人乙的美好

沈薇薇租住在七樓的閣樓，小小的窗戶透出橘黃的燈光，一種家常的溫暖。

因為懼怕與她同處一室，所以沈薇薇無數次喊我過去蹭住，我都婉言謝絕了。既然不愛，我就不想留任何念想給她。

我覺得自己尚有人性。

我坐在她家樓下的石椅上，手指顫抖著摸出菸盒想抽支菸，沒想摸出來一個空菸盒。走進小區外的便利商店買菸時，與沈薇薇撞了個滿懷，原來她剛從飯館下班。我疑惑不解，明明她的房間裡開著燈……

沈薇薇爽快回答：「我上晚班，房間裡的燈一直都開著，就怕你走投無路來找我。」心裡滾過陣陣暖流，說話的時候喉嚨有點哽，我說：「我們一起回家吧，回家。」

沈薇薇聽到這話，似乎不相信，看到我認真的樣子，她疲憊地笑了。我抓過她的手仔細端詳，一個月五千塊的洗碗工工作，因為頻繁接觸洗潔精，讓她的手被腐蝕得不像樣，粗糲、長滿倒刺，不像女人手的綿軟。

絲絲縷縷的疼痛驟然湧起，橘色燈光下，我第一次仔細端詳沈薇薇，她是胖，但也不是胖得圓滾滾，她胸大，但是並不似填充矽膠。我突然發現，沈薇薇的美在於她渾身散發著母性的光輝，給人依賴的感覺。

「嫁給我吧。」這句話，把我自己嚇了一跳。

沈薇薇背過身去收拾東西，我看見，她的淚水撲簌簌滾落。放棄是一種解脫，放棄也是一種圓滿。

既然森迪愛的是錢，那我只能死心，感情裡，退一步，永遠海闊天空不是嗎？

真相，令人崩潰

我給了沈薇薇一場盛大而豪華的婚禮。

其實我根本不是窮得叮噹響的男人，那張金融卡裡的錢也不是中了什麼樂透得來的，我老爸是地產商，家裡有數不盡的錢，所以我是有錢人的兒子，我一度裝窮，並不是要低調，而是要找一個視金錢如糞土的女人做我的妻子。

沈薇薇是個普通得不能再普通的女子，做妻子還真是不錯，對我好，還不愛錢。當我向她說明家世，變戲法般拿出一枚碩大的鑽戒跪地求婚時，她愣了，甚至怕了，她想退縮，可我緊緊地抱住了她。

「我不許，這輩子，我要與妳煙火情濃。」我在她耳畔低語。

是的，願得一心人，白首不相離，有了沈薇薇，我相信這句最美的愛情箴言。

我想我已經忘記了森迪，可是她居然回來了，站在我面前聲淚俱下。她說她在陌生城市遇人不淑，栽到黑社會集團手裡。他們逼她做按摩女，逼她玩仙人跳，他們說，只要賺夠一百萬，就放她走，若是膽敢洩漏集團祕密，就讓她死無全屍，全家都跟著遭殃，包括她最愛的男人——左逸秋。

我看著她，嘴角露出一絲輕蔑，像是在聽一則冷笑話。

森迪又說：「當得知你有一筆錢時，我就在洗澡時打電話給他，我想快點逃開魔窟，然後和你在一起。他，其實不是我男友。」

我憤怒地嘶吼：「謊言！全都是謊言！妳為何要出走，害我那麼辛苦地找妳？」

森迪笑了，眼睛裡充盈著淚水：「我想知道你到底在不在乎我，假若我丟了，你會不會去找我。」

我伸出雙臂，想抱抱她，伸至一半，又縮了回來。

我看著她無辜的眼神，心臟一抽一抽地疼。儘管她滿目滄桑，滿身疲憊，不像是撒謊，儘管，她曾是我的命，但是又能怎樣，我不能辜負沈薇薇。

曾經的愛已經被她狠狠打碎，分崩離析。她回來了，只可惜，我們再也回不去。

愛情本身就是一場陰差陽錯的懸疑劇，跌宕起伏，又有章可循。看著森迪瘦弱的身子一點一點走出我的視線，直至淹沒在人潮之中，我燃了支菸，狠狠地吸了一口。

晚上，摟著沈薇薇臃腫的腰身，將耳朵貼在她的肚皮上聽胎音，我只覺得幸福鋪天蓋地。

後記

時光不遺忘

所有的愛情故事，都不外乎兩種：一種是，互相傾慕，此生無他；另一種是，我愛你，你愛他，這便是萬分糾結與悲傷。

寫了很多的愛情故事，有青澀初戀，有甜蜜相戀，也有讓人絕望透頂的愛情。寫下這些故事的時候，我會情不自禁地為主角唏噓，感嘆他們的愛情為什麼那麼甜蜜，或者為什麼那麼哀傷，甚至決絕。

生命中出現的每一個人都會漸漸遠去。故事裡每一個情節都會漸漸模糊。

忘不了的，是那些人曾經在你的生命裡粲然綻放過。

忘不了的，是某一個主角曾在我的筆下，搖曳生姿。或者，悲傷絕望，讓我敲打鍵盤的手指曾經顫抖不已。

歲月是魔術師，改變了他們的容顏，改變不了的，是那些枝杈清晰的回憶脈絡，那些愛與不愛的刀光劍影。

時間不遺忘，那些翩躚遠逝的時光。

時間不遺忘，那些鮮活的曾出現在我筆下的男男女女。歲月會繼續雕刻我們的容顏，直到我們老去。

完

電子書購買

爽讀 APP

國家圖書館出版品預行編目資料

愛如夜曲，由一場場情深緣淺交織而成：恨與愛一線之隔，你與我微毫之差，在細碎時光中描摹的愛情篇章 / 李睫 著 . -- 第一版 . -- 臺北市 : 財經錢線文化事業有限公司 , 2025.01
面；　公分
POD 版
ISBN 978-626-408-129-0(平裝)
1.CST: 戀愛 2.CST: 通俗作品
544.37　　113019707

愛如夜曲，由一場場情深緣淺交織而成：恨與愛一線之隔，你與我微毫之差，在細碎時光中描摹的愛情篇章

臉書

作　　者：李睫
責任編輯：高惠娟
發 行 人：黃振庭
出 版 者：財經錢線文化事業有限公司
發 行 者：崧燁文化事業有限公司

E-mail：sonbookservice@gmail.com
粉 絲 頁：https://www.facebook.com/sonbookss/
網　　址：https://sonbook.net/
地　　址：台北市中正區重慶南路一段 61 號 8 樓
8F., No.61, Sec. 1, Chongqing S. Rd., Zhongzheng Dist., Taipei City 100, Taiwan
電　　話：(02) 2370-3310　　**傳　　真**：(02) 2388-1990

印　　刷：京峯數位服務有限公司
律師顧問：廣華律師事務所 張珮琦律師

定　　價：399 元
發行日期：2025 年 01 月第一版
◎本書以 POD 印製